陈　鸿／著

唤醒

书香乐苑里的故事

东北师范大学出版社

长　春

图书在版编目（CIP）数据

唤醒：书香乐苑里的故事 / 陈鸿著. — 长春：东
北师范大学出版社，2021.1

ISBN 978-7-5681-7599-9

Ⅰ.①唤… Ⅱ.①陈… Ⅲ.①读书活动—教学研究—
小学 Ⅳ.①G622.46

中国版本图书馆CIP数据核字（2021）第012696号

□责任编辑：石　斌　　　　□封面设计：言之凿
□责任校对：刘彦妮　张小娅　□责任印制：许　冰

东北师范大学出版社出版发行

长春净月经济开发区金宝街 118 号（邮政编码：130117）

电话：0431-84568115

网址：http://www.nenup.com

北京言之凿文化发展有限公司设计部制版

北京政采印刷服务有限公司印装

北京市中关村科技园区通州园金桥科技产业基地环科中路 17 号（邮编：101102）

2022年4月第1版　2022年4月第1次印刷

幅面尺寸：170mm×240mm　印张：18　字数：245千

定价：48.00元

在书香乐苑里，和孩子们一同领略生命之美

——陈鸿和她的"书香乐苑"特色班级

书香乐苑，一个弥漫着浓浓书香的特色班级。全体师生、家长以"读万卷书，行万里路"为宗旨，在读书和实践中打好人生的底色。孩子们在成长的路上看到了一个缤纷的世界，发现了生命的美好，领略到文字是这般美丽！

班主任陈鸿老师通过"爱心捐赠—示范先行—方法指导—激励评价"四步引领学生闲暇阅读有兴趣，会选择；有目的，会方法，使他们养成良好的阅读习惯。

"书香乐苑"特色班级的创建首先解决了学生闲暇时间书籍选择的问题，"爱心读书俱乐部"向学生提供经典书籍，保证了阅读书籍的高品位；其次，教师潜移默化的引领、家长持之以恒的共读激发了学生的阅读热情；再次，教师细致的阅读指导教给学生正确的读书方法，层级评价机制的运用使学生形成了"我要读书"的氛围；最后，经过学生、教师和家长的共同参与，形成了书目选择、阅读指导、评价调控的科学指导序列。书香乐苑的创建，让一本本经典图书走进孩子们的世界，伴随孩子们度过快乐的闲暇时光。阳光明媚的下午，老师静下心来，放一首悠扬的乐曲，带领学生打开书卷，嗅着清幽的书香，手捧自己喜欢的诗文，放开喉咙，抑扬顿挫地读，没有约束地读，群情激昂地读，忘情享受读书的快乐。读书，提高了学生的语文素养，使学生的语文学习真正做到"轻负高质"，带着老师与孩子们找到了语文课的美丽。

闲暇时光里，老师和家长带领孩子们亲近自然，走进社会，认识到书本以外的世界。从军营到东夷文化园，从李清照纪念祠到三贤祠，从博物馆到九龙峪，从亲子诗歌诵读到亲子跳绳……美丽的大自然，丰厚的小城文化，亲子之间和谐的亲情……书香乐苑里，家长的爱如涓涓细流，流淌在孩子们的生命里，一个个灵动的生命健康成长！

2018年高考，山东省文科第2名、第43名、第54名、第168名都出自陈鸿老师的班级。因为阅读，陈鸿老师和家长手牵手，家长和陈鸿老师心连心。孩子们在大家的呵护下，在欢笑中感受，在阅读中成长。师生和家长一起感受到文字的美丽，领略到生命的绚烂，度过了一段难忘的人生旅程。

薛炳群

山东省特级教师、正高级教师、潍坊市教科院小学语文教研员

今天，她依然在路上

  教育，是引领教师追梦的事业。讲台是梦想的舞台，不需要华丽的布景，不需要曲折的剧情。从不蹒跚，从不躲闪，陈鸿用信念的高度，实践着自己的梦想。陈鸿觉得自己是个平凡人，做不了伟大的事，但可以用爱心和责任把平凡的事做经典，把每一件小事做精彩。她创建了"书香乐苑"特色班级，带领学生读经典书籍，使学生在读书中感受语文的美丽，享受生活的美好。她用学识与热情打动了学生的心灵，把平凡的工作绘成了最美的风景。

  在陈鸿老师的眼里，所有的学生都是盛开的花朵，没有一根稗草。她习惯在热闹的环境下安静地注视学生的表现；在纷繁的书写中察觉学生的变化；在高高低低的诵读里捕捉那些胆怯的声音；在学生和老师说"再见"的时候，从他们掠过的眼神里感觉他们是否快乐地度过了这一天……

  用心血铸就爱，用爱赢得学生心。"妈妈，老师，朋友"，她担当着多重角色；"激励，鼓舞，唤醒"，她创建了幸福的"书香乐苑"。她用青春的力量践行着承诺，用智慧的光芒装点着课堂。

  用爱与责任铺就自己的教育之路，一路书香，一路美丽……陈鸿在用心倾听花开的声音，收获着属于自己的幸福与快乐。她的做法感动了学生，感动了家长，也引起了教育主管部门的关注。2012年，潍坊市教科院薛炳群主任发起了"寻找中国的雷夫"活动，陈鸿老师作为青州市唯一代表入选。2015年，她被评为"中国好教师"，登上了钓鱼台国宾馆的领奖台；2017年，陈鸿又被评为山东省特级教师、山东省优秀德育工作者；2018年，书香乐苑里的孩子参加高考，陆续收到北京大学、中国人民大学、复旦大学、中国科学技术大学等名牌大学的录取通知书，陈鸿在云门书院与孩子们一起庆祝他们即将踏上的新的征程。

今天，她依然在路上。

纪凤翔

山东省特级教师、正高级教师、青州云门书院校长

目 录
CONTENTS

第三辑

书香乐苑，生命里最美的相遇

第四辑

唤醒，是最好的教育

目
录

第八辑

学习，原来这么好玩

第九辑

生活好美

目录

第十三辑

莫名的感动

第十四辑

一路欣赏一路歌

长大后我就成了你

——唤醒个人成长的自觉

教育不是灌输，而是点燃心灵的火焰。

——苏格拉底

总有一些人，因为一句话或一个行动会影响着你的生命轨迹。内心有怎样的种子，这世界就开怎样的花。我们的内心因为这些人点亮，渴望自己也成为点亮别人心灯的人。

第一次演出

1983年暑假，我跟随师范毕业的姐姐从一所村小转学到了公社中心小学，第一次走出自家村子，这个偌大的世界让我目不暇接。那里有《小葵花》《儿童文学》《小学生作文选》，我看到了除语文课本、小人书之外的书籍，看到了那里常常有作文比赛、朗读比赛，每周一次的升国旗仪式上，会有学生讲话。

我的班主任郭老师，是一位四十多岁英俊潇洒的男教师，他教我们数学课，普通话极好，做大队辅导员，经常编排一些节目。1984年公社组织六一节演出，那是我人生中第一次化妆，第一次登上舞台，第一次领诵……因为有了这些第一次，我喜欢上了语文课，喜欢上了朗诵，开启了我的语文教师梦。

记得那次表演的节目是《每当走过老师窗前》，先由我和另一个男同学领诵，而后大家分声部合诵。由于当时我的普通话还行，又不怯场，郭老师便让我领诵。当时诵读的内容已经模糊，但朗诵时对老师的崇敬和向往一直伴随着我。每个字的发音、每个动作的处理，郭老师都会亲自示范指导。"光荣的'荣'声母是'r'，把舌头卷起来，看我。"接着，他会不厌其烦地一遍一遍地教我们读。他的笑容、充满磁性的男中音、昂头的动作我至今难忘，我总觉得那就是教师形象的典型代表。

演出过后，我喜欢上了朗诵，只要拿过来一段文字，我总会不自觉地读出声来，甚至逮住一个人就让他做我的听众。我清楚地记得，周末回家，我把学过的课文一篇一篇拿腔拿调地背给姥姥听，没牙的姥姥咧嘴直笑，直到深夜，姥姥已经非常困倦了，我也不肯罢休。

那时候我就觉得语文课那么美好，是最美丽的学科。

做老师，真好

初中三年级时，我又遇到一位恩师——司慧颖老师。司老师是高考落榜生，做我们的代课教师，教我们时只有十八岁，长长的马尾辫，干净利落的语言，严谨而不失幽默的课堂，把我们深深吸引。我们上课聚精会神，下课把她当姐姐、做朋友，她常常和我们在操场上漫步，谈人生，谈理想。

她说，所有的职业中，她最喜欢教师和医生。因为这两个职业都要凭自己的真本事，不用搞歪门邪道。只要自己认真钻研教材，好好对待学生，就可以做一名好老师；只要自己有高明的医术，热情地对待病人，就是一名优秀的医生。她说这话时语气很坚定，目光很执着。而后，她就开始谈自己没考上大学的遗憾，自己做一名优秀教师的理想，我们的情绪常常被她感染。当时我们那一群追随者，十一个中专报考者中就有七个人的第一、二志愿是卫校或师范。我们的满腔热血被司老师的激情点燃。

上师范期间，我们几乎每周通信一次，我汇报自己的学习生活，司老师总是鼓励我努力学习，总是说"机会留给有准备的人"。读师范期间，我努力练习普通话、粉笔字等基本功，因为我想像司老师说的那样做一名好老师。三年后，我也如愿以偿地做了一名教师，满怀热情地工作，因为我相信天道酬勤，我会成为司老师那样受学生尊敬的好老师。直到现在，我和司老师还一直保持着联系，工作中的困惑、生活上的喜事或不如意，我们经常一起聊一聊。尤其是在工作中出现懈怠、出现退缩时，司老师总会说，除了老师，没有别的职业适合我们。我也这么觉得，做老师真好。

身边的榜样

生活中，你和谁在一起的确很重要，甚至能改变你的成长轨迹，决定一个人的成败。和勤奋的人在一起，你不会懒惰；和积极的人在一起，你不会消沉。积极的暗示，会对人的情绪和生活状态产生良好的影响，激发人的内在潜能，使人进取，催人奋进。

感谢工作中遇到优秀的领导和同事。

刚到实验小学工作，遇到王志尚老师。在我认为教师就是日复一日上课、备课、批改作业时，王老师告诉我："要把语文课堂上得有趣，让学生学得轻松，就要在备课上下功夫。"他丢给我一本《小学语文教师》和一本《山东教育》，从那以后，我才知道原来语文教学是一门艺术，可以有这么多技巧。在王老师的指导下，我一级一级地参加课堂教学评选，从校级到县级再到市级，一直讲到成为潍坊市教学能手。

工作十几年后，出现职业倦怠期，我觉得以自己的经验驾轻就熟，家长也认可自己的教学，随随便便教一下，舒舒服服过日子就行了。有这样的思想作祟，便不再读书学习。有幸的是我遇到了郭玉莲校长，她找我彻夜长谈——从自己的专业发展到积极的人生态度对孩子的影响，从家长的托付到学校的信任，从人生的价值到每一天的充实生活，那一夜的谈话深深触动了我。尤其是谈到对儿子的影响，触到了我内心最柔软的地方——哪个孩子希望自己的母亲庸庸碌碌、无所作为？哪个孩子希望自己的母亲在单位里工作没有人认可？单单是给孩子一个积极的母亲形象，我也得学习，我也得进取。

2009年，我以自己优秀的教学成绩被学校推选参加潍坊市"轻负担高质量"优秀教师评选。我用一周的时间梳理自己的教学方法，到即将上交材料的前一天中午，我把自己写的教学法交给学校主管教学的张云杰书记把关。我清楚地记得那是一个烈日高照的日子，下午一上课他就把材料递到我的手上——逐字逐句批改得密密麻麻，有大段修改的地方甚至附了夹页！短短的两个半小时的午休时间，他肯定没睡觉，甚至没吃饭。平日里我只是羡慕他骄人的成绩，却没有看到他的勤奋。以后的日子中，每次讲课，少不了张书记的指导；每次写材料，都有他的点睛之笔。既要管理又要教学的他从来没有推脱，从来没有厌烦。张书记的敬业与奉献精神感染着我的教育生活。

后来，我又遇到一位充满教育情怀的专家型领导——纪凤翔校长。在特色班级"书香乐苑"的建设中，纪校长欣然题词，那份鼓励令我终生难忘；在外出讲课前夕，纪校长多次听课指导，甚至一遍一遍示范，那绘声绘色的朗读、独到的文本解读让我记忆犹新……每当看到纪校长课间和学生们一起运动、周末和老师们一起爬山、到餐厅与孩子们一同就餐、到宿舍里嘘寒问暖、在课堂上工整板书、与老师们彻夜长谈时……我总是觉得教育是一项多么让人享受的事业啊！

有人说，教研员是官儿，"手下"管着成百上千的教师；有人说，教研员是专家，他们见多识广，要仰视方可。在我的眼中，教研员是教师的朋友。我有幸遇到青州市教研室的郝永老师、潍坊市教研室的薛炳群老师，从他们的目光中，见不到严厉；从他们的话语中，听到的只有鼓励。

作为一线教师，专业成长中最大的瓶颈就是研究能力和总结反思能力的不足。教研员没有硬性的规定，没有强制的安排，但是一次次调研、一封封邮件、一条条短信却引领着教师们走上了专业化发展的道路。我不会忘记，2012年春节前，纷飞的大雪中，郝老师陪同薛老师看完我们班《老人与海》的读书交流会后，亲切的交谈带给我们冬日里的温暖；我不会忘记，春节刚过，蒙蒙细雨中，他们专程调研我们班的共读情况时，频频竖起的大拇指给予我们奋发的力量；我不会忘记，2012年暑期，炎炎烈日里，他们一再地鼓励与指导，让我有勇气第一次登上潍坊市骨干教师培训的讲台；我更不会忘记他们发送到我邮箱里的一份份教研教改会议的通知、新课程改革的文章、报纸杂志中的先进经验、其他教师的经验反思……在我倦怠的时候，在我迷茫的时候，在我需要充电的时候，他们鼓励的话语、悉心的指导总是出现在我的脑海中，成为我不懈的动力。

有人说，人生有三大幸运：上学时遇到一位好老师，工作时遇到一位好师傅，生活中遇到一个好朋友。有时他们的一个眼神、一句点拨，就能使你的人生发生改变，这就是影响。

远方的朋友

2014年10月9日，我主动在QQ上呼叫《语文主题学习》杂志的副主编马红芳老师。

我与马红芳老师是在她参编《寻找中国的雷夫》时认识的。我知道她很忙，但是每次通电话，她总是耐心地给予指点，有时是在教学方面，有时是在教育孩子方面，有时是在生活方面……有人说，你想成为怎样的人，你就选择和怎样的人在一起。虽然不曾谋面，虽然很年轻，但我总感觉马老师有一股强大的正能量感染着我，在我懈怠的时候，在我茫然的时候，特别想与她交流。我知道，这样做给她添了不少麻烦，但我总忍不住。

前几天，教研室郝永老师谈到在青岛的会议上碰到马老师，说到我引领孩子读书的活动中缺少经典内容的诵读，郝主任也一再说这个问题，我就蠢蠢欲动了。一年级已经读过《弟子规》，二年级读过《三字经》，我从学校图书馆中借到了《爱经典》这本书，里面有《笠翁对韵》的节选，是从这里开始吗？我有些茫然，于是求助马老师，希望从她那里能得到一些建议。

得知我的求助后，马老师的电话打了过来，让我好感动。"要把每一个孩子都当成自己的孩子来想，要带领孩子们读经典，就要在孩子们最好的年华给孩子最好的东西。"马老师对自己女儿的教育很有一套，"我的女儿从小我就让她背《诗经》，这是诗歌的源头，然后是唐诗宋词、《古文观止》、《论语》、《增广贤文》，这些都是经典。"

我有些打怵了，作为一名师范毕业的中专生，对这些我们没有研究，甚至可以说是一窍不通，如何领孩子读，怎么入手？我听着，想着，有些走神了。

"陈老师，我知道您对这些肯定没有深入研究，我的导师专门研究《诗经》，这些书我也不止一次地读过，所以我可以推荐给您一些篇目，给您列一份详细的单子，您只管领着学生背诵就好了。"

"真的吗？"这正合我意呀。"一线老师平日工作那么忙，根本没有时间去研究这些，您能想到和孩子一起读已经很好了，您只管去做就好。""我替孩子们谢谢您。"马老师总是这样体恤别人，我都不知道说什么好了。

"您儿子的高中学习还好吧。"难得百忙之中的她记得我儿子上高中。我儿子升入高中以后，由于过惯了自由的日子，不大习惯这样紧张的生活，我正发愁呢。"还好，就是时间紧张，没有时间阅读，没有时间玩耍了。毕竟功课紧张，两周才休息一次。"

"小学、初中是积累时期，不论是身体，还是知识技能，到了高中就是一个释放的阶段。这时候千万不要过多要求孩子。此时的孩子心里都很脆弱，强大的外表后面有一颗极脆弱的内心，要小心呵护，给予他更多的鼓励与期待，不要苛求。"马老师的指点让我温暖，已经没有多少人会关心你的生活，除了亲人。

又一次记起"想成为什么样的人，就和什么样的人交朋友"这句话。能认识远在北京的马老师，人生幸事啊！我要把别人的孩子当成自己的孩子教，和他们一起背经典，从现在开始。

大师的启迪如茉莉

又到一年芳草绿，又是一年春好处。我来到潍坊北海学校，聆听于永正老师讲的《爱如茉莉》一课。于老师举手投足间都饱含着对孩子们终身学习习惯的养成教育，都饱含着对小语人的启迪。只要用心，于老师对小学语文教师的启发无处不在。

无处不在的幽默带给学生安全与信任。课前于老师问学生是哪个班的，有学生说（6）班，有学生说（2）班（可能是几个班的学生凑到一起的），于老师说："是不是听说我来讲课混进来的？"学生"扑哧"笑了，一个"混"字拉近了师生的距离。讲到"瞳仁"的"仁"字可以写成"人"时，于老师让学生互相对视，问看到了什么，学生回答看到了自己，"你就是人啊！所以也可以写成'人'的。"于老师的一句话让在场的师生都笑了，这个字的写法也植根于学生的脑海。整堂课上于老师时常用一句"我又考倒你了"来调动学生的兴致。提问一个男生时，于老师不忘幽他一默："他要对我'回眸一笑'我没让他笑出来，为什么，你知道的，别怪我。"既放松了回答问题的学生的心情，又及时复习"回眸一笑"的用法，可谓一举两得。在于老师的课堂上，这样的智慧幽默无处不在。

用心为孩子的终身发展着想。于老师检查预习时就告诉学生通过查字典、词典来理解生字词的意思，整堂课都强化查字典、词典的意识。理解"回眸"时信手拈来："报纸上刊登《回眸2008奥运会》《回眸日本大地震》，只要你用心，你一定知道怎么探究，怎么学语文。"于老师在范读前先告诉孩子们："因为于老师听得很认真，所以你们的优点我学会了、缺点我也听出来了，给你指出来了。我读的时候你们也要好好听，把我的优点记下来，只有好好读课文，才能读出味道。"倾听习惯的培养润物无声。于老师留给孩子们的家庭作业是："关于'袅袅'，查查字典、词典，看看有多少意思，记下来，每种意思写一至两个例句。"学生写好后就是一篇很好的探究小文，这无疑又一次强化了学生的探究意识的形成。孩子们在课后说，最大的收获就是知道学语文要探究，要查字典、词典。看来于老师用一节课就让学生意识到学语文的方法。

每一个细节都以爱为基石。学生在课堂上没人举手时，于老师多次说："我的政策很好，只要你举手就好，回答错了没关系，我绝对不打屁股。我还会为你的勇敢竖大拇指。""让我们为他鼓掌！"一次次鼓励点燃了学生们的智慧火花。布置家庭作业时提到"袅袅"，于老师再次走到开始读课文时把"袅袅"读成"nao nao"的学生处，让他再读一读这个词，并看似不经意地摸摸男孩的头；每一次写板书，于老师总会歪着身子或半蹲，让所有学生都看到他写的每一笔；每次学生读书，于老师都会俯在学生身边为他拿着话筒，并一再叮嘱孩子端正拿书的姿势……那下蹲的姿势、摸头的动作成为最美的姿势，定格在在场的每个人心中。

每一步语言训练都扎扎实实。词语"嗔怪、眸子"的教学如春风拂面，自然舒服，既有学习方法的指导，又充满趣味；既幽默风趣，又旁征博引，学生们在笑声中铭记这些字词。于老师舍得花大力气指导朗读。动听的范读、灵活的表演读、入情入境的对话读……学生从一开始的生涩到流畅入情，看不出一点痕迹。抓住三处景物描写，朗读体会表达方法，使写景衬托、借物喻人、象征这些表达技巧自然而然地进入学生心中。正如于老师说的那样，这样教出来的孩子有悟性、有灵性、有后续发展动力。一同听课的教师都说，做于老师的学生真幸福。

时刻关注听课教师的学习。于老师在课堂上时刻关注前来聆听的教师，常常抛出一个个问题让听课老师们思考："我们的语文教学缺什么？""老师们，我们要关注表达。""学生的可塑性很大，就看你会不会塑造。"……可以看出于老师时时关注学生的学习，时时引导学生思考。

第一辑 长大后我就成了你——唤醒个人成长的自觉

满头银发的于永正老师的一堂课，带给我们无尽的思考。课文中说父母的爱如茉莉般平淡无奇、纯洁美好，在每一个细节中散发出淡淡幽香。作为一个前来听课的教师，也可以说是一个学生，在我看来，于老师对小语人的启迪，对学生的关爱也是无处不在，也如茉莉般散发出淡淡幽香。

示范引领，练就读写基本功

于永正先生来我校听了一堂课——《自己的花是给别人看的》。于老听完课参与了全校语文教师的评课活动。于老热情洋溢的评课为广大教师拨云见日，我更觉豁然开朗，他特别强调的"示范是最好的指导"，给我留下了深刻的印象。

一、范读，融入"教语文"中

于老师听完大家的评论，谈起了自己的认识。"语文课不要仅限于教课文内容，更重要的任务是教语文。"他结合听课内容指出："文中哪些地方写花的奇丽？哪些地方写民族的奇特？这仅仅是关注了文章写了什么，我们应该关注作者是怎么写的。"

于老话锋一转，对我们进行了点拨指导："如果我们问，作者是怎样写花的奇丽的？学生就能从表达方面去思考。作者首先运用了直接写的方法（看到什么就写什么），但如果只有直接写，去掉后边的内容，给读者留下的印象就不会深刻。文中写'花的海洋'，这是打比方，写花多，后面还用了一个比喻：'如入山阴道上，应接不暇。'两山之间，绿树成荫，花团锦簇，从花的形态和色彩上写花多。所有的比喻都是联想，比喻是文学的骄子，我们要用好比喻。这么美的文章应该读给孩子们听。"说着，于老声情并茂地读起来，边读边给我们解释："四字词语应该顿读……'应接不暇'要放慢速度，读出余音袅袅的味道……'自己的花是给别人看的'里边的'自己'和'别人'要读出对比性重音。"在场的老师随着于老的朗读，仿佛都走进了德国的大街。于老读书的声音一停，会议室里立刻响起了热烈的掌声。

二、范写，为学生树立榜样

写字，是语文课的重要任务之一，于老就写字教学为我们指明了方向。他语重心长地说："分析字形结构，还仅仅是停留在把字写正确上，要想指导学生写好字，还需要老师的示范。"一次，于老到一所学校上课，学校提供的黑板非常矮，于老为了让学生看清他的板书，就努力蹲下身子，高高地举起右手，认认真真地写字。这样，每一位学生都能看清他的运笔走势。于老艰难地半蹲着，头发已花白，他的身体在黑板前晃动着，而板书却一丝不苟。这样一位七旬老人，为了孩子们，就以这样的姿势写着一手漂亮的好字。他坚信：示范是最好的指导。每次上课，于老师的板书总会给听课者留下深刻的印象：内容简洁，形式多变，唯一不变的是那工整清晰的字迹，那一丝不苟的态度。他在给学生做示范，他在给教师做示范，他在给语文课做示范，这是榜样啊！

三、读书，语文课的延伸

面对大师，我汇报了"师生共读整本书"的尝试，得到了于老真诚的指点与帮助。

于老谈到他领着孩子们读《呼兰河传》的情况，带给我们深深的震撼。他认为读书是语文课的延伸，学生通过读书学习语文。他给孩子们提出，读书要走好七步：学习生字、积累好词、积累好句、精彩语句的朗读、不懂的地方记下来、朗读好作者写的童年趣事、仿照作者那样写童年趣事。于老依据小学生的认知实际，做到了蹲下身子师生共读。令人震撼的是，十五天后，于老与孩子们比赛展示自己的阅读收获。出示自己学到的生字，每一个生字都注了音；出示自己积累的二十多个好词；出示五处写童真童趣的段落；朗读自己最喜欢的段落。孩子们在这样认真的老师面前，在这样悉心示范的老师的引领下，怎能亵渎课外书的阅读啊？最让人震撼的是，于老"下水"写了三篇《童年趣事》，两篇是他自己的童年趣事，一篇是他孙女的童年趣事。于老郑重地说："陈鸿老师尝试实践的'师生共读'很好，但一定要弄明白，老师在共读中起什么作用。"这个问题正中要害。细细思考，我的"师生共读"已经尝试两年，却仅仅局限于推荐书目、督促激励、组织读书交流，仅仅局限于对学生的要求，仅仅局限于和学生一起读书，至于站在学生的角度想老师是如何读书的？老师教给了我们哪些读书的具体方法？老师是如何写作文的？这一切，我们真的没有去想，更谈不上"真下水"读书写作。于老师没有讲高深的理论，他平日做的就是真正和学生一起读书，一起浮现文本的人、事、景、物，一起体验作者的喜怒哀乐。于老师读书，简单朴实，扎实高效。他的语文课是真语文课，他的语文课为我们点亮了一盏耀眼的明灯。

　　于老师说，教育的第一个名字应该叫"影响"，技巧是苍白的，而教师丰厚的语文素养给孩子的影响却是永恒的、深远的！于老师用自己丰厚的语文素养影响着学生、影响着我们每一位教师。

长大后我要做老师

2013年秋季开学前一个周末的晚上，幼萌（刚刚毕业的六年级班长）来家里玩，拿着一个精致的钱包，说那是2006级一班的班费。班费？什么时候的班费？我似乎从来没有记得班级里有这样的资金。我打开一看，一张张新旧不一的一元、两元、一角、五角的钱整齐地放在这个女孩亲自做的钱包里，我有些不知说什么好，我不知怎样面对这个小女孩：2006年9月，我接手一年级，迎来双语学校的第一级学生，班上来了一位女孩，一曲《大海，我的故乡》唱得动情，一句自我介绍"萌萌，表达了爸爸妈妈对我的期望，我不会辜负他们"打动了我，她做了我们班六年的班长，今天，她用这种方式向我交差，我没看错人。幼萌看出了我的激动，忙说："老师，听说你又要教一年级，毕业时忘记上交的班费今天拿来，请你把它转到新的班级里去，告诉新班长怎样做班长。"真是个好主意！

接着，她站起来恭敬地递给我一个册子——《萌萌成长册》，深情地说："陈老师，这是我六年来成长的记录，每一篇参赛习作，每一次活动奖状我都做了整理，一式两份，一份我留作纪念，一份送给您做纪念。"我忙起身双手接过来，眼泪在眼眶里打转，翻开第一页，她在自己的理想一栏中这样写道："我想当一名语文老师，像陈老师那样，每天给同学们读好听的课文，爱护每一个学生，包括最差的学生，这是一个光荣、伟大的职业，教书育人，为国家培养栋梁之材需要很多后来人。"这个女孩刚上一年级就因为喜欢语文课而立下将来做语文老师的志向，时隔六年，依然没有改变，我觉得很欣慰。

忽然耳畔响起熟悉的歌声："小时候我以为你很神秘，让所有的难题成了乐趣。小时候我以为你很有力，你总喜欢把我们高高举起。长大后我就成了你……"

青春的力量

周三晚上值班，教师餐厅里少了青年教师媛的身影，大家在议论："媛干吗去了，她可是天天在餐厅就餐呢。""不可能约会去了吧？""可能五年级级部在练节目吧。"因为媛每日按部就班的生活习惯，她的缺席让人格外惦记。

回到教学楼，只有五年级的办公室亮着灯，悄声上楼，没听到热闹的排节目的嘻哈声，心中不觉有几分奇怪。从门窗中看去，不禁满满的感动——这姑娘正在埋头看试卷。我摸出手机一看，已经六点半。六点半的冬日，天已经黑透了，一个瘦弱的女孩趴在那里看试卷！偌大的启智楼，一个小小的她，让人怎能不心生感动。

我转身离去，自从与王媛结为师徒以来，交往的一幕幕像电影一样：结对第一天。媛毕恭毕敬地递给我一份结对承诺书让我签字，那份谦恭的态度让我顿觉责任沉甸甸——我何德何能让小姑娘这样敬重。我必须好好上好每一节课，以免她来听课时，不能给她好的引领，那就误人子弟了。

晚上，媛就给我发微信，要求周二第二节课、周五第二节课听我的课。原来她回去就对照了我们俩的课程表，发现这两节课正好可以听课，于是先来个长期约定。好有心的姑娘。

结对第三天。我一步入教室，发现媛已经坐在教室里，当然我也有备而来。一节课按部就班地上下来，我长舒一口气——总归有人听课，多少有点不自在。没想到，我前脚刚进办公室，媛后脚就跟了来："师傅，请您给我讲讲这节课的第一自然段怎么没讲？我备课时还备了好长一段，但一节课就处理不完整篇课文。您这样处理行不行？我总是怕不讲，学生不会，所以进度很慢。"她一口气说了好多困惑，看来，这个徒弟应付不得，我得好好和她聊。

结对第四十二天。时间过得飞快，转眼到了青年教师汇报课的时间，学校前几天已经安排好任务，好在离媛的讲课时间还早，我也就没着急。可是只要在办公室，媛总在问关于单元授课的事情，我也鼓励她尝试单元教学。

听完课，媛没有急于问这堂课的问题，倒是拿给我一份第八单元的教学设计，足足二十三页！我答应回家好好看。

这二十三页设计，字字句句都是她一个字一个字敲出来的，对这一单元的设计思路、每一句导语、学生回答问题的每一种可能都做了预想，甚至一个环节设计了几个思路，征求我的意见。我光看就看了一个多小时，然后又一字一句地修改。光改这份教案就用了一个晚上，我真不知道这姑娘这几天是怎么过的。

改完教案，翻看手机时，发现小姑娘的微信朋友圈动态："发烧39度，终于有理由十一点睡觉啦！"这是对教学怎样的一份挚爱，这是怎样一种力量让小姑娘迸发这样的工作热情啊。这就是青春的力量。

之后就是一遍又一遍地修改教学设计，她没有一句怨言，没有一次怠慢，几乎每次试讲修改后，都是夜间十一点以后发到我的邮箱。

汇报课完毕，媛便到每一个听课教师那里请教。第二天，我无意间问起："你有没有找纪校长和张书记给你的课提提意见？""师傅，我去了。纪校长说……张书记说……"我看着她的记录本，密密麻麻，条理清晰，我惊异于她的速记能力。"师傅，我哪有记得那么快。我去的时候只是听领导说，这是后来根据录音整理的。"好一个有心的姑娘，听领导评课带着录音工具，然后做整理，我还是第一次遇到这样好学的青年教师。这便是青年人的思维。

今年秋季，学校创建互联网+示范校，布置教师在学乐云平台上做作业，媛看到我的得分不高，便偷偷地帮我做。有一天我突然发现，我的平台分数自己在涨，还以为遇到了田螺姑娘，到办公室一炫耀才知道事情的原委。

有这样好学上进的徒弟，带给我的是青春的力量，我有什么理由不好好把看家的本事拿出来呢？我常常觉得自己的水平不够，让媛枉叫一声师傅。

我汲取媛身上那股青春的力量，备好每一节课，说好每一句话，散发更多的正能量。希望在媛初为人师的时候，让她感受得到教师这个职业的美好；在媛遇到困惑的时候，让她感受到来自学校大家庭的温暖。

但愿，青春的力量感染我，让我不辜负这一声"师傅！"

第二辑

我们一起成长

——唤醒家长的教育意识

父母、孩子、老师是个教育共同体，家庭教育和学校教育同样重要，家长在教育孩子的过程中发挥着老师不可替代的作用。

——朱永新

家庭教育缺失，显得教育力量单薄。儿童的世界很狭小，家长如果能通过讲故事、亲子共读来给孩子展示另一个宏大的世界，如果能用故事和孩子沟通，让孩子在父母的故事声中进入甜美的梦乡，把孩子放在自己的怀里，用自己的体温伴着孩子成长，这样就能奠定他的精神基础。

家长会是连心桥

刚刚接手一年级，仔细观察每个学生的表现，尽快记住了每个学生的名字，在开学一个月后就召开了第一次家长会。这个家长会无论是我还是家长都觉得非常有必要。我觉得孩子们上学后有很多习惯的养成（简简单单的文具、早睡早起的作息、每天阅读、穿着打扮等）都需要家长的配合。孩子们刚刚入学，很兴奋，家长也跟着兴奋，但接下来就是压力，这个压力来自每天早上起床为他准备早餐，晚上督促他做作业，最难的就是要转变心理。家长对孩子充满期望的同时，还要正确对待、接受孩子的个体差异，帮助孩子尽快转变角色，适应学校的集体生活和学习生活，让孩子享受学校生活的乐趣与快乐。这都需要教师做好对家长的引导工作。家长会就是一个很好的交流沟通的平台。

第一次家长会上，我一一评点每个孩子的优点与不足，实在又中肯，家长们频频点头。对家长们困惑的问题，我也尽量做好参谋，给年轻的父母支招。

爱是可以传递的

在家长会上，我公布了家长QQ群、飞信群以及"和宝贝一起读书"班级博客，利用这些互联网工具沟通交流，不断教家长学习怎样做父母。

有一段时间，我很郁闷，尽管我很努力地学习各种现代的沟通方式，但仍旧有很多家长不理我：发飞信没回音，博客上总是只有几个人关注，QQ群里没人发言。后来，我发现现在的家长大多用微信交流，而我的方式太老套了。于是，我安装了微信并试着建了微信群。果然，家校间的沟通顺畅了：哪个孩子学习上有困难了，会在群里求助，其他家长纷纷出招；哪个宝贝在家做家务、孝敬老人了，会发照片到群里，其他家长的点赞成为孩子的动力；孩子在学校登台演讲，我把活动照片发到群里，家长们会纷纷激励自己的孩子学习……现在的"书香乐苑聊吧"微信群已经成为我们沟通交流的主阵地，成为家庭教育的加油站。

家长会上，我把平日孩子们活动的照片精心制作成幻灯片，一一展示给家长看。我爱这些小不点，他们乐于把自己的快乐与忧伤和我分享，我乐得做个倾听者，生活因为有了他们而忙碌，而有生机。家长一定特别想了解孩子在学校里的点滴进步（我作为母亲，深有体会），在家长会上，我有责任向他们介绍孩子们的表现。在一一道来的时候，我侧重我的主题：唤醒家长对阅读的重视！

我介绍孩子们早上诵读的情况，展示背诗能手一诺的照片；我介绍日记写得最好的孩子祥钊写的日记以及亲子共读的感受《心随书动》；我介绍读书能手文杉的变化；英睿从书中懂得那么多科学知识……总之，每个孩子我都介绍到了，让家长看到孩子的差距与家庭教育的差距直接相关，与阅读状况直接相关。

最后，我介绍了以往学生家长捐赠书籍，成立爱心读书俱乐部的事情，如果有兴趣，家长可以积极参与。

会后，文杉悄悄告诉我："我妈妈愿意为同学们每人买一本书。"我很吃惊，这是一个双职工家庭，经济条件一般，是孩子想要逞强，还是家长自愿？我很郑重地与家长电话沟通，家长说："虽然是双职工，几百块钱为孩子买一本书还是承担得起的。我和孩子说，这个夏天我们可以少吃点冷饮，少买件衣服，就可以买一本书，多有意义的事情。"确实是这样，这是一件多么有意义的事啊！

我通过去书店、上网查找等方式确定推荐家长购买《一年级鲜事多》。《一年级鲜事多》是一本挺有意思的台湾校园故事，似乎就发生在我们身边，由于我们的生活环境不大相同，书籍发到孩子们手中，孩子们就迫不及待地读着、笑着……

书买回来的同时还有三本赠送的图画书《阿拉丁和神灯》《阿里巴巴和四十大盗》《豌豆公主》。上课的时候，看到文杉坐得端正，听讲认真，我趁机说："今天对听讲认真的孩子有个奖励，瞧，是一本书呢。"文杉上台领奖的时候，一脸得意。那天，还有两名学生也得到了同样的奖励，其他学生满眼羡慕。

第二天早上，文杉手里拿着《阿拉丁和神灯》跑到我面前，说："老师，这本书我已经看完了，请您再把它奖励给今天表现好的同学吧。妈妈说爱是可以传递的。"好一句"爱是可以传递的"！这是一位多么有智慧的母亲啊！她把对女儿的爱传递给全班同学，用自己微薄的工资为我们赠送书籍，她把对女儿的爱传递到我们每一个人手中！

我激动地抱了抱文杉，高举书籍，对全班学生讲了这个故事，并示意学生把最热烈的掌声送给最美女孩文杉。

第三天早上，意想不到的事情发生了：英睿拿着《西游记》来了，一诺拿着《公主的故事》来了……看来，爱，真的可以传递！一个小小的举动，可以唤醒一批人对书籍的热爱；一个小小的举动，可以唤醒一个人对真善美的追求！让我们做那个唤醒的人吧。

幸福的转变

孩子入学后，家长悄悄地发生着改变。有人说，一个好母亲将会成就一个孩子的幸福人生。学校对家长的影响是间接的，我们教师可以通过自身的工作潜移默化地影响家长，使孩子的成长带动家长的成长。

孩子入学一年后，文杉的妈妈写下了这样的感悟：

我作为一名独生子女的妈妈，在教育孩子方面的知识和经验是非常欠缺的，前几年也没太关注孩子的成长。上小学之前，女儿主要由爷爷奶奶照看，我们两口子没觉得花费多少精力孩子就长大了。爷爷奶奶的娇惯，让孩子养成了很多不良的习惯，当时我觉得身边的很多孩子都是这种情况，也没在意。现在回想一下，是我们做父母的不负责任，让孩子的成长留下了遗憾。到了孩子上学的时候，自己思想上还没引起足够重视，一直认为小学阶段上哪所学校都无所谓，不用太在意学习成绩，孩子别太落后就行，孩子在校的情况也不管不问。直到第一次家长会让我改变了对教育的认识。

记得初次到双语学校参加家长会是孩子一年级开学一个多月的时候，会上纪校长和黄主任的讲话，让我顿悟到了家庭教育对孩子的影响至关重要。班主任陈鸿老师详细介绍了孩子在校的表现，明确指出了孩子的不足，让我忽然意识到自己一直感觉还不错的女儿与许多优秀同学的差距还很大。通过参加这次家长会，我深受启发，似乎找到了教育的方向，并深刻认识到：培养孩子高于一切琐事，教育孩子不是把她送到学校就完成任务了，这不单纯是学校和老师的事情，孩子们在学校接受的教育是相同的，他们之间差距的产生主要是因为家庭教育的原因，家长的责任是学校和老师无法替代的，需要家长付出的努力还很多。

一年多来，学校通过多种方式进行家校交流活动，指导家长对孩子的教育。通过与班主任陈老师的沟通交流，我收获了一些很好的教育经验和引导方法，在思想上有了新的认识，更加激发了我们的学习热情，甚至改变了我们的生活方式，我和老公也越来越注重对孩子的教育，现在我们会尽量多和孩子在一起，时刻关注女儿的生活、学习，尽量给她创造良好的家庭环境，和孩子一起成长。

一分耕耘，一分收获。女儿入学一年多来，各方面都有了明显进步，我们倍感欣慰，也充满信心。感谢学校和老师们的辛勤付出，我们全家的生活方式悄悄地、幸福地改变着。

二年级开完家长会后，婧怡妈妈写了自己对教育的思考，发到我的邮箱和我交流。两年来，我们班已经有更多的家长开始关注孩子的成长、关注教育。

陈老师：

您好！孩子上学一年多，我意识到做一名合格的家长是需要不断关注孩子的学习、生活，做好孩子的表率的。在教育孩子方面有了很多思考，想和您交流一下。

1. 每个孩子的成长经历、性格不同，教育方法也不尽相同。上小学前孩子基本采取的是无为而教，在适度的情况下任其发挥，没有干涉过多。上小学后经过几次家长会交流，我意识到对孩子不能太放任自流，因为孩子小，好多事情需要大人的正确引导，要让孩子养成良好的学习习惯和正确的学习态度。这需要家长的配合与监督。

2. 做家长要善于倾听。孩子每天放学后都会和我絮絮叨叨当天发生的事情，我就会做出很感兴趣的样子听她讲，从谈话的细节中会发现一些问题，或鼓励，或指点。刚入学时发现孩子对每天得到的笑脸很兴奋，于是在家我也试着用笑脸激励法。比如，孩子早上能自觉刷牙吃完饭，晚上能正确做作业，按时睡觉等，都能得到一张笑脸贴到墙上，这样为了笑脸变多每天她都坚持做好，时间一长，不用笑脸后她的好习惯也养成了。

3. 给孩子创造一个安静的学习空间，不用陪读或写。刚入学时我们也没当回事，孩子写作业时我们在旁边看电视，说笑。开完家长会才发现自己太不注意细节了。后来孩子做作业时我们也安静地做事，不去打扰，给她一个空间，让她安静地写，让她明白学习是自己的事情。给孩子检查作业时先让她自查一遍，有错误尽量让她自己发现改正。

4. 创造良好的家庭氛围。要和孩子平等地沟通相处。我们一直认为培养孩子健康、诚实、认真、勇敢、自信、快乐的品质比分数重要，通过学习、游戏让孩子找到兴趣，发展自己的爱好。老师讲过不要对孩子有过高的期望，做家长的好多事都做不好，何必强迫孩子呢？

5. 遇事多鼓励少批评。有些事情很难分清孰是孰非，要跟孩子分析，给予客观的评价。比如，有时孩子在学校受到同学欺负了，我也很着急，甚至对她说他打你你就打他啊，可孩子却认真地对我说："老师说不可以的，如果那样的话，事情就没法控制了，就像枯草一样。我们要做紫丁香。"孩子确实说得有道理，她选择了做一株紫丁香，让我看到了孩子善良的一面。

6. 培养孩子的独立性。这点我们做得还较好，可能因为长辈不在身边，我们独自看护孩子的原因，精力不够，好多事情需要孩子独自面对。我们试着放手，让她做一些可控范围内的事，锻炼孩子的能力。纪校长也说过孩子需要阳光也需要雨露的滋润，经历一些困难或小挫折是正常的。

7. 培养孩子有自己的主见，遇事不要逃避，学会思考。好多事情不是只有一种选择，有得必有失。但家长应耐心地给她分析两者的优劣，让孩子自己选择，并承担选择的后果。比如她周末贪玩不想早写完作业，我们就让她自己选择玩或写作业，作业是必须要完成的，你现在不写，晚上还是要写的，到时不许着急发脾气，这时她自己就会考虑该怎么做。

8. 家长要学会适时聪明地示弱，把机会让给孩子，并及时鼓励肯定，孩子的学习兴趣就会高涨。我们一直认为培养孩子的学习兴趣和学习习惯很重要，万事只要有了兴趣才会激发孩子本身的学习动力和热情。

孩子的求学之路才刚启航，有了好老师的教育，也需要好家长的配合。我们要尽力为孩子做好榜样，让孩子健康优秀的成长！以上做法希望得到您的指教。谢谢！

祝您工作愉快，生活幸福！

婧怡妈妈

渐渐地，家长在教育孩子方面有了很独到的方法，学校的教育也事半功倍了。瞧，这是卿妈妈的手记。

为了锻炼孩子，卿在六年级上学期被班主任陈老师任命为学校检查员。

一开始，孩子非常兴奋，感觉挺自豪。及至一星期结束，就开始叫苦不迭：每天早上都要6：25起床，忙完吃喝拉撒，争取在7：00前赶到学校；课间要去楼道里执勤，有时候时间安排不合理，厕所也来不及上；中午比原来整整提前了十分钟到校，尤其是取消午睡后时间更紧。一周下来，孩子有点疲惫不堪，尤其是早上那十五分钟的睡觉时间，更让孩子耿耿于怀。

新鲜劲儿一过，卿就开始打退堂鼓了："妈妈，你去跟老师说说，我不干了吧，好累呵！"

说实话，我们做家长的也希望孩子休息得好，不要把时间搞得太紧张，以至于太疲惫。

可是，我考虑了一下孩子的特点，觉得卿挺能吃苦，也挺负责任的，但做事缺乏持久性及韧性，容易半途而废。于是，我就从身边的事例开始说起，像班主任老师，像爸爸妈妈，都有在工作之余加班加点的情况，这也是工作需要。而且，将来走向社会，无一例外得多付出，不能在时间和付出上锱铢必较，只有这样，才能有所成，才能更好地成为社会的有用人才，也才能更好地服务于普通民众。

我劝他："或者，先坚持到期中考试，假如影响了学习，实在坚持不下去的话，再请老师另安排他人。毕竟，做事要有始有终，不能半途而废。"

卿答应了，也开始慢慢地找到了做事规律，也就坚持了下来。有一次，我们跟他开玩笑，课间不用站在那儿，瞅一眼就行。他说："那哪儿行？万一有同学从台阶上摔倒掉下来，下面又有人，这样很危险的，容易发生踩踏事故。"呵呵，禁不住对我们家的小伙子刮目相看。

期末考试的语文试题要求以"收获"为题写一篇作文。他在作文里这样写道："我在干检查员的过程中，虽然起早贪黑，很辛苦，但我收获了自信，收获了同学们的尊重，也收获了老师的肯定，我很开心。"

看到孩子的进步，我庆幸当初没有一味心疼孩子，对孩子的智慧引领使孩子有所感悟、有所收获。

孩子们的成长给家长带来很大的改变。早上，年轻的父母不再赖在床上，他们会早起为孩子准备早餐或带他们去晨练；晚上，他们会捧起孩子的童书与宝贝一起阅读，一起欢笑；周末，他们会推掉应酬，陪伴孩子到郊外走走或带孩子回老家看看；节假日，他们会腾出时间，和孩子一起包包水饺做做饭……生命里参与孩子的成长是父母的幸福，我们都感谢孩子给予我们的这份温暖。

俊成妈妈写下这样的感悟：

从你背上书包迈进学校的那一刻起，我便感觉到了肩上沉甸甸的担子。生怕自己教子零经验，不足以让你健康成长；更怕自己缺乏足够的耐心，不能陪你一起度过学生时光。好在一路走来，我们痛并快乐着。

因为有你，我努力对照网上的当妈标准用心去做：下得了菜场，上得了课堂；讲得了语法，改得了作文；懂得了琴棋，绘得了书画；拍得了照片，做得了小报。

因为有你，我更加注意自己的言谈举止。我深知一个没有礼貌、没有修养的妈妈是不可能培养出一个懂礼仪的孩子的。

因为有你，我又重新当起了小学生，温习了早已混淆的声母、韵母，学习了"火""北"等字的新笔顺，捡起了早已扔掉多年的英语，了解了小学低年级数学的解题思路。

因为有你，我努力成为你朋友的朋友，虽然更多的时候是扮演了你和朋友严厉的家长角色。

因为有你，我能耐下心来读一些富有哲理的文章，只为了能跟你谈心时讲出一些不是大道理的"道理"。

因为有你，我努力做一名合格的厨娘，虽然很多时候看到你噘着嘴巴皱着眉头往下吞咽饭菜。

因为有你，我少了许多同学、朋友的聚会，只因为我更加珍惜跟你共处的时间。

因为有你，我努力让自己更加优雅。只因那次你犯错我大声对你呵斥时，你嘴里冒出一句"你不是个优雅的女人"。

因为有你，我努力让自己更加优秀。因为在我希望自己能有一个优秀的儿子的时候，我相信你同样也会希望有一个优秀的、能让自己自豪的妈妈。

因为有你，我发现了自己竟然有那么大的潜力，把许许多多的不可能变成了可能；因为有你，我才能不断地学习、进步、成长。

一路哭着、笑着走来，只因为有你。

祥钊是一个文质彬彬的男孩子，刚刚入学时，爸爸是打算让他住宿的。开学第一天，小小的祥钊闪烁着大大的眼睛，噙满泪水地问爸爸："爸爸，你可以早一点来接我吗？"祥钊爸爸不善言谈，但是看着孩子难过的表情，祥钊爸爸决定每天接送他上放学，他承诺孩子会早点来接他，这个承诺让他六年风雨无阻，每天三十里路接送孩子上学、放学，他用自己的方式陪伴孩子成长。下面的这篇长文是祥钊爸爸的心得体会。

陪儿子慢慢长大

不知不觉间儿子来到这个世界已经十个春秋了，已经由呱呱坠地的婴孩成长为现在阳光帅气的少年郎。孩子成长的点点滴滴仿佛就在眼前。

"书是人类进步的阶梯"，读书可以丰富孩子的知识，给孩子一本好书就等于为他打开了一扇通向世界的门，走进这道门，展现在孩子眼前的是一个五彩缤纷、色彩绚烂的画卷。

我家的小男子汉开始读书的时候还是学前班的时候，那时他才5岁。一开始由于他认识的字很少，我就和儿子一个字一个字地指着认读，每天坚持20分钟，遇到儿子不认识的字我不仅要告诉他读音，还要给他解释意思。随着认识的字越来越多，一年半后他就能够独立阅读了。在这期间，我督促儿子，儿子也感染着我。我们与书为伴，与书为友，共同体会着其中的喜怒哀乐。

一年级的时候，老师给我们推荐了一套书《不一样的卡梅拉》。这套书是讲一只名叫卡梅拉的小鸡和她的同伴们的故事。从书名上看，就充满了个性和天真的想法，看到书名就可以想象出这只小鸡多么地与众不同，而且闵祥钊是属鸡的，一直说自己是一只小公鸡，一下子拉近了他和书的距离。我带着孩子读第九册的时候，遇到了一个特别尴尬的问题，什么叫爱情？卡梅利多和罗西娜相爱了，最后他拿到了玫瑰，他赢了，跟罗西娜恋爱了。我就跟他说："就像爸爸跟妈妈相爱了，就结婚生活在一起，并生了你。卡门帮哥哥送信给罗西娜，可惜书信被小胖墩吃了。"祥钊就问："鸡吃草吗？"因为他知道纸是植物纤维做的，我告诉他鸡是杂食动物，肉都会吃。贝里奥也一直在帮助卡梅利多去找玫瑰，它们是好朋友。读到小偷豪猪偷走了"特里斯坦之水"的时候，儿子发现小偷有时也会做好事，"特里斯坦之水"被豪猪偷喝了，豪猪爱上了小胖墩。卡梅利多跋山涉水，坚持不懈地找到了罗西娜丢失的帽子，取到了玫瑰，最终赢得了罗西娜的爱情。读完一遍后闵祥钊又兴致勃勃地翻书，寻找"特里斯坦之水"的组成物：一勺老鼠的鼻涕、一大木勺热乎乎的牛粪、一小杯癫蛤蟆的脓、半瓶鱼的呕吐物、兔毛、三根猞猁宝宝的红毛。怎么少了一种？闵祥钊想了一会儿，恍然大悟地告诉我："爸爸，第七种是水，因为它叫'特里斯坦之水'嘛！"通过与闵祥钊一起读这套书，我们认识到：作为父母，要以赏识的眼光去看待孩子的那些似乎很难理解的个性想法，在孩子成长的道路上要保持他的那份调皮、那份天真。孩子健康成长的关键就是要有独特的想法和见解，不人云亦云，不随波逐流，因为你和别人"不一样"！

在一个静悄悄的夜晚，我和儿子各自拿着一本书静悄悄地读着。没有任何杂音的干扰，只有偶尔翻书时发出的声响，我们都沉浸在书的世界里，仿佛我们就是书中的主人公。突然，儿子的一声号啕大哭打破了夜的寂静。我不由得吓了一跳，以为出了什么大事，忙问："儿子，你怎么了？"儿子已经泣不成声，断断续续地说："三毛简直太苦了，太可怜了。"我这才明白，原来是《三毛流浪记》中的三毛深深感染了儿子，才让他如此动情。我也知道，儿子已经完完全全地走进了书的世界，并且感同身受地体会着三毛的艰辛与痛楚。

去年秋天，正是落叶如蝴蝶般飞舞的时候，"书香乐苑"组织全班同学到青州市植物园感受大自然，并捡落叶做树叶粘贴画。活动开始后每四个同学一组去收集落叶，闵祥钊小组的同学只知道捡落叶，也不管是什么树的叶子。我感觉这样对他们意义不大，我就尽我所能地为同学们讲解每一种树木，对比树上的绿叶和地上的落叶在状态和颜色等方面都有什么不同，尽量让他们多了解知识。活动结束后闵祥钊不仅做了树叶粘贴画，还为每一种树叶标注了树名，做成了标本。

三年级上学期期末考试后，闵祥钊一回到家就哭丧着脸，我想儿子一定没有考好，果然数学考得不好，只考了92分。看着快要哭出来的儿子，我没有发脾气，而是耐心地与他分析每一道错题，教他如何从考试中学习和找到自己的不足。现在闵祥钊已经养成了正确的方法，每次考完试拿到试卷后，他都不会先去纠结成绩，而是分析每一道错题，考试的时候是什么原因错的，是落题了、粗心了、没理解题意，还是本来就没有掌握这方面的知识，找出原因后在以后的学习和考试中就能有效地避免了。

儿子在慢慢地长大，我在身为父亲这个角色中也慢慢地成长。人生最美好的事情莫过于有一个孩子，然后慢慢地陪他（她）长大。

书香乐苑里的孩子在书香的滋润下茁壮成长，家长在互相启迪中改变。

在孩子们毕业的时候，家长对于读书和写作，已经有了较为深刻的理解。现在已经考入中国人民大学的玮的妈妈在女儿小学毕业之际分享了自己的心得。

让孩子爱上读书吧

女儿就要小学毕业了。回首这六年的点点滴滴，做母亲的我感慨不已。很多朋友谈起我的女儿，总是羡慕地说我太幸运有这样懂事的孩子。是啊，不能常在孩子身边照顾她的生活，更不能时时陪伴她学习，但孩子的成绩总能保持在"第一梯队"，而且身心健康，积极向上，我怎能不欣慰啊。也常有家长询问我教育方法、育女秘诀，我总是真诚地说："让孩子爱上读书吧。"

古语说："书中自有黄金屋，书中自有颜如玉。"只要真正爱上读书，孩子收获的远远不止是一个习惯。但是怎样让孩子爱上读书，那可是家长的一门课程。

没有哪个小孩子天生就爱读书，尤其是在传媒发达的现代信息社会。电视、电脑、游戏，充斥着孩子的课余时间，如何让孩子能安静地坐下来，捧起一本书？

首先，是找对时机。小学一、二年级是培养孩子读书的最佳时机。刚刚学会部分方块字，能读懂浅显的文字意思。这时候的读书培养关键是找对读物。孩子不是喜欢看动画片吗？我们就配套备上相应的动画书籍，电视上有的，书中也有，顺利地延续孩子的兴趣。还有脍炙人口的传说故事，妈妈常在枕边讲的小故事，找到相应的图文并茂的书，拿给孩子看，把他小脑瓜里的故事情节、人物顺利转移到图画、文字里。

小学三、四年级，孩子已有了自己的喜恶和选择能力。这个时候，要尊重孩子的选择。记得女儿三、四年级时，特别迷恋杨红樱的校园漫画系列。虽然大多数是一些搞笑桥段，似乎并无多大养分，但我还是不间断地给她购买了全套的《小樱桃》《阿衰》……这个时候，孩子也有了猎奇、探索的欲望，科幻科技读物、天文地理读物、历史人物传奇等，都可以纳入孩子的选择。这个时候是拓宽的时机，让孩子慢慢感受到书中还有一个无边的世界，可以任他自由遨游。

进入小学高年级，家长应该有一个建议、挑选、剔除的义务了。如果这个工作没跟上，很多孩子会迷上校园言情小说、暴力科幻小说等不甚健康的书籍，那样孩子虽然会继续看书，但会走入一个狭隘的兴趣空间。记得我从小学六年级便开始迷恋琼瑶小说，并且一发不可收，整个中学阶段都迷恋其中，从而再无真正走进名著，想必是这个路口无人指引的结果。

这一点我非常感谢孩子的班主任陈老师。记得从上二年级开始，陈老师就带领孩子们读主题学习丛书，语文课上读、课下也读，女儿爱上了读书。女儿的阅读速度提高了，老师也常推荐整本的好书，同学之间有什么好书，老师也尽力推广开来。《窗边的小豆豆》《假如给我三天光明》《震动》《鲁滨逊漂流记》……很多我陪孩子一起看过的书籍都是老师推荐必看的书。到了这个阶段，孩子会自觉地抛弃校园快餐书籍，开始喜欢上有思想、有内涵的读物。

看到孩子读书的视野在加宽，孩子的爸爸也有意识地购买了他同样喜欢的《白话资治通鉴》、四大名著、世界名著书籍码放在女儿的书架上，希望她慢慢地走近它们。

读书带来的好处我不一一细说了，所有家长都明白这个道理，只是如何让孩子爱上读书，不是每个家长都能做好的功课。结合孩子的成长经历，我也在此谈谈自己的感受以及心得。

愿每个孩子的成长途中都有书的陪伴。

——玮的妈妈

让孩子爱上写作

"喜欢文字的女孩儿，注定是乐观的，阳光的，生活的。"这是我给女儿做的第一本习作集扉页中的话。

我的女儿，喜欢写作。到小学毕业，我已给她做了四本习作集。中间收录了从小学二年级的信手练笔到六年级的所有成功习作，总共近八十篇。

如何让孩子喜欢写作，可能这是很多家长头痛的一个问题。看到社会上如雨后春笋般地出现众多写作培训班、作文兴趣班，许多家长也押着愁眉苦脸的孩子去报名，我禁不住地提笔写下这篇心得。

阅读是写作的基础。让孩子爱上阅读，并且积累一定的阅读量。所以，爱读书是爱写作的第一步。如何让孩子爱上读书，前面我已单独写有心得。

鼓励孩子拿起笔。孩子有了一定的阅读量，这个时候，每个孩子心中都是有一种原始的写出来的欲望的。看一本故事书，喜欢上一个小小的故事人物，孩子会叽叽喳喳地跟你讲个不停，你不妨让他拿起笔写几句。小学二、三年级，孩子在学校开始接触写作，开始学习运用词语、句子。那么任何在他有兴趣、有兴致的时候，都不妨鼓励他拿起笔写几句。我记忆最深的一次，是女儿二年级的时候，有一次学校组织了一次"找春天"的校外踏青活动。全班同学在老师的组织下，到郊外观察春天的痕迹。回家后，孩子兴致很高，我陪着她写下了这样的段落："春天在田野里，小草变绿了，花儿开放了一点点，柳树长出了嫩芽。春天在我们身边，小朋友脱下了厚厚的棉衣，换上了好看的春装，南方的小燕子也飞回来了。春天还在池塘里，水上的冰溶化了，小鱼小虾又可以看见阳光了。"

曾经有家长着重培养孩子写日记的习惯。当然这是个非常好的办法，孩子能习惯记日记，他的写作之路肯定更顺畅。只是现在的孩子课余负担太重了，如果孩子觉得时间、精力不够，就不能勉强，否则会弄巧成拙，让孩子对写作产生厌恶。

尊重孩子的文字。从一开始，不管孩子写的语句是否通顺，段落是否有条理，都要尊重他的劳动成果。切勿横加批评，"这写的什么呀，流水账，乱七八糟"，这都是扼杀孩子写作兴趣的直接棒打。孩子把有限的方块字组成一篇让你看得懂的文字，已经非常不容易了。保留孩子的直观感觉，呵护她用文字反映自己感受的能力，远比一句大人眼中对与错的语法重要得多。

适当的成果展示。孩子渴望被肯定，不仅仅被老师、家长肯定，被其他的同学、小朋友，其他的叔叔阿姨，甚至被不认识的人肯定。女儿从小学二年级开始写歪歪扭扭的小文到现在每学期的作文草稿本、修改本、正式作文本、每次考试的作文卷，我都几乎完整地保存着，更挑出其中代表每个年级的优秀篇，装订印刷成精美的写作集，也分赠给索要的亲朋好友欣赏。让孩子明白，她每次的作品，在妈妈眼里都是无价的珍品。这样，她也会珍惜、爱惜每次的写作，从而学会享受写作的乐趣。

也还有家长把孩子成功的写作协助发表在报纸、期刊上，或者参加各种比赛和征文活动，让孩子在这样的公开活动中得到肯定，得到来自外界的欣赏，从而奠定他们写作的信心。这都是非常可取的方法和途径。

让写作成为孩子一生的陪伴，陪他哭，陪他笑，化解他的苦痛，分享他的快乐。我们有责任给我们的孩子选择这样一位真诚的朋友。

——玮的妈妈

（××玮，2018年高考山东省文科第43名）

2018年，雨晴以高考裸分山东省第2名的成绩被北京大学光华管理学院录取，她的妈妈在雨晴小学毕业之际，就写下了一段文字，谈到读书对孩子的影响。

女儿雨晴十二岁了，即将小学毕业。她自幼酷爱读书，从儿时形影不离的《幼儿画报》到小学期期不落的《儿童文学》，还有各种获奖类儿童小说、名著，她的书柜里总是塞得满满的。女儿说那是她的财富，读书对她来说是无与伦比的享受。

读书不仅让女儿开阔了视野、增长了知识，还提高了孩子的认读水平和作文能力。读书对孩子的道德素养和思想意识也有着重大影响。女儿从小乖巧懂事，但她胆小又不自信，做什么都缩手缩脚，上课也不积极举手，真是让人着急。是读书改变了她，由于读书多、积累多，女儿的语言越来越丰富，作文水平也不断提高，常常得高分，老师同学也对她赞赏有加。这让女儿越来越自信，内心也更强大了。现在的她开朗活泼，有时还张牙舞爪地打抱不平，上课也常抢着回答问题。老师夸她更自信了，她也乐呵呵地说："自信的女孩最美丽！"

有句名言说："一本好书，可以影响人的一生。"女儿小时上过好多兴趣班，但学几个月就够了。而她现在学的拉丁舞比起画画、音乐不知要累多少倍，穿着高跟鞋跳着超快节奏的舞步，一会儿就汗流浃背。脚上经常磨起水泡，还磨得掉皮，晚上回来揉着可怜的脚常常一步也不想走。而她却从不抱怨学了两年。她从不说放弃，因为有一本书改变了她，就是她喜欢的那本《红舞鞋》。书中的李莎莎在一个偶然的机会，被选入了舞蹈队，她没有天赋，还要面对伙伴们的误解、嘲讽、背叛和伤害。但无论身处何种境地，她都努力练习，更没有放弃自己对舞蹈的执着和热爱，以一颗善良勇敢的心对待一切，最终赢得了所有人的尊重，蜕变成一只美丽的白天鹅。女儿在李莎莎的身上看到了自己的影子，她们同样平凡，同样喜欢舞蹈。李莎莎深深影响并激励着女儿，她要像李莎莎那样努力，绝不轻易放弃。这也正印证了"一本好书，可以影响人的一生"这句话的道理所在。

古语说：书可治愚，能识天地之大，能晓人生大难，有自知之明，有预料之先，可以绝权欲，少浮华。书与孩子共成长，我与孩子共成长。

——雨晴妈妈

（×雨晴，2018年高考山东省文科第2名）

第三辑

3

书香乐苑，生命里
最美的相遇

学校教育的缺点之一，就是没有那种占据学生的全部理智和心灵的真正的阅读。没有这样的阅读，学生就没有学习的愿望，他们的精神世界就会变得狭窄和贫乏。但是读书是要教给学生的。

——苏霍姆林斯基

我因为从小喜欢语文课而选择做一名语文教师。记得小时候我最喜欢回家演课本里的故事给姥姥看，逗没牙的姥姥咧嘴笑；偷偷把爸爸买的小画书带到班里，借给要好的同学看，看到他们一副讨好的眼神令我很是得意；做教师的姐姐办公室里的《少年文艺》《小葵花》成为我的好朋友。小时候，我觉得语文课是最美丽的学科。可做了语文教师后，看着学生翻来覆去地读那几篇课文，重复写字组词，咬着笔杆憋作文，一脸的无奈，语文的美丽，在孩子的小脸上丢失了；再看教师，一脸的严肃，含着微笑的，笑得那么累，给人感觉那么不真实，语文的美丽，在教师的脸上也丢失了。美丽的语文课，丢失在师生的容颜里。我的生活在教课文、写生字、做训练中一片灰暗。

天慢慢地变亮

2002年，学校的崔老师外出培训后回校做报告，现在依旧清晰地记得她说的一句话："课外阅读是开发学生智力、提高学习成绩的捷径。"当时行走在家与学校两点一线的我几乎没参加过培训，没有学过什么教育理论，听到这句话觉得新鲜，课外阅读能提高成绩？这句话触动了我的童年阅读神经，我开始了执着地带领我儿子和学生寻找母语的美丽的历程。

一、儿子的实验

初为人母的我对自己的孩子充满期待。我在听完报告的当天就去书店买来两本小手撕不坏的书，儿子把书当成玩具，翻转着，一脸的好玩。书中的儿歌成为我们母子交流的主要内容，饭前洗手我就给儿子念："小肥皂呀真重要，天天洗手离不了，洗手背来洗手心，洗指缝来洗指尖，里里外外都洗到，香皂乐得变泡泡。"过了一段时间，我就给他订了《婴儿画报》，拿回家后孩子对上面的图画、色彩特别感兴趣。于是我和丈夫就每天坚持轮流给他讲，结果我们发现孩子听得津津有味，当我们忙的时候，就把书给他自己看，我们发现他看得很专注，有时还咿咿呀呀地说几句。从那时起我们就一直随着他的年龄增长，依次给他订过《婴儿画报》《幼儿画报》《幼儿智力世界》，上小学后订了《聪明泉》，同时还买了幼儿识字、识数卡，以及适合他这个年龄的儿歌、猜谜语、童话、迷宫等方面的书籍。只要孩子喜欢的，我们觉得有益，一般都会满足他。在选择书籍的时候，我们一般选择图文并茂的，每天在睡觉前和孩子一起读书，每次10~15分钟。这种坚持不懈产生了意想不到的效果——孩子上学以后我们几乎没有过多关注过他的学习，他上课听讲比较认真，成绩一直不错。更让人欣慰的是儿子文明有礼，求知欲强，善于接受新事物。我觉得这可能是阅读的功效吧。

二、学生的发展

当时我教的学生是三年级，我把所知道的少之又少的阅读的好处告诉孩子们，班级中有9名学生也是教师子女，和这些同行交流，他们认同阅读改变人生这一观点，并极力倡导自己的孩子读书。在这些家长及学生的带动下，全班学生如饥似渴地阅读，当时读得最多的是上海美术出版社出版的世界文学名著青少版的书籍，那套书共123本，有一位学生全部读完，很多学生读了近一半。当然，过后他们的阅读自主选择，等到小学毕业，大多数学生养成了阅读的习惯，初中时他们的语文成绩明显好于其他的学生。他们经常跟我联系，汇报他们的学习生活，经常谈到小学的阅读对他们语文学习及其他学科学习的深远影响。

学生的发展成为我深入研究阅读的动力。语文教学在我面前渐渐敞亮。我坚信：阅读能带动语文教学乃至学生个体生命的发展。

书香慢慢地绽放

儿童读书，从理论到实践，我做过很多探索，但有许多困惑一直萦绕在心间：缺乏有效指导，学生被动应付，自主阅读成为一句空话；盲目追求读书数量，功利性阅读剥夺了孩子阅读的兴趣；亲子共读，书目盲目选择，形式大于内容；阅读评价以数量论高低，读书质量难以监控……

有没有一种阅读：让学生读好书，读整本的书；

有没有一种阅读：让学生会读书，读有用的书；

有没有一种阅读：让学生乐读书，读一生的书。

我在彷徨中寻找，在徘徊中求索……儿子的健康成长、学生的良好发展给了我信心。书香在学校与家庭中慢慢绽放，母语的魅力在我们面前熠熠生辉。

终于，我找到了，找到了可以让书香四溢的地方，我把教室变成了"书香乐苑"，我让我的思想在教室中成长。

"因为热爱，我无限信仰读书的力量，开始乐此不疲地推荐；因为沟通，您认可读书对孩子心灵的滋养，并伸出援助之手；因为喜欢，你们行走在美丽的文字中，聆听着动听的故事……因为我们心有所爱，爱心读书俱乐部成立，书香乐苑诞生。感谢有你——亲爱的孩子们，你们的好学，消除了老师每天的疲倦；你们的渴望，汇成了老师不竭的动力；你们的成长，成为老师坚守的理由。感谢有您——亲爱的家长，有了您的帮助，我不怕风雨；有了您的鼓励，我一路坚持；有了您的支持，我走得更坚实！"

写下这发自内心的"卷首语"，我要做什么？我要怎样做？我的眼前一片敞亮。

一、刻意安排，无意流露

我带领一年级的孩子背诵《三字经》《弟子规》，拍着小手的孩子们满脸的虔诚，一个一个故事在孩子们中间流传，二年级的儿子也加入背诵的行列中，他们在一起背诵、玩耍。我带领学生背诗。大课间活动课上，我和学生们游戏时，常常让输掉的学生背诗或者干脆就玩"跳跳诗活动"，我们常说语文老师的活动课也要有语文味。我把儿子的《幼儿画报》拿来与学生玩"小字妈妈读，大字宝宝读"的游戏；我们一起看孩子们带来的《小故事，大道理》《新新童话》《可爱的鼠小弟》《小猪唏哩呼噜》。中午时间我到教室读故事给他们听，常常是一个故事没读完，我便找个急于离开的由头让故事戛然而止，任由他们争抢着费劲地拼读，读完一个句子小脸憋得通红又一脸得意。一件件看似无意的小事，都是我刻意的安排。一年下来，孩子们喜欢讲故事，爱背儿歌，家长开始关注孩子的读书。

二、榜样激励，家长羡慕

二年级的家长会上，我做了关于倡导孩子读书的专题讨论，反响强烈。家长对于孩子读"闲"书影响学习的担心渐渐消除，家长的典型发言以及我举的事例引发了他们的兴趣。（学习"龙"这个字时，有学生组词"画龙点睛"，龙雨迫不及待地跑上讲台讲画龙点睛与画蛇添足的区别，要大家一定要分清楚，那可爱的小模样我至今难忘。浩然在学习王安石的《梅花》一诗时，滔滔不绝地讲王安石与王守仁的共同点与区别，学生们虽似懂非懂，但满脸的崇拜让发言者好不得意。）由于读书的积累，这些学生在课堂思维活跃，得到老师的赞扬和同学的羡慕，引发他们更加注重阅读积累，形成良性循环。家长听后羡慕，也渴望自己的孩子有这样良好的表现，便尝试让孩子读书。

三、文化引领，书香弥漫

我一直谨记惠特曼的一句话："有一个孩子每天向前走，他看见最初的东西，他就变成那东西，那东西就变成他的一部分。"于是，我努力为学生创造书香氛围，也在学生心中种下一粒书香种子。

因为"你从小给孩子什么样的环境，你的孩子基本上视野就在那个环境里，所以，再穷，家里也要摆个花瓶让家中飘满花香。"我告诫自己，同时也告诫家长，家再小，也要有一个书房，让家中散发书香。

班级文化建设之初，我就把"书香乐苑"的文化主题定位为"读万卷书，行万里路"。

总觉得孩子在校六年，我要带他们经历一段难忘的岁月，培养他们良好的习惯，提高他们的综合素质，为他们终身发展奠基。好身体、好品质、好习惯都可以在"读万卷书，行万里路"中历练。这与最近网络中推崇的"要么读万卷书，要么行万里路，思想和灵魂总有一个在路上"相同。我们的文化定位就是用六年的时间为孩子种下"读书""行路"这两粒种子，为他们的人生助力。

为了让这两粒种子生根发芽，我努力营造悦读的氛围。

班旗、班歌、班徽是班级文化环境建设的起始点。三年级一开学，我就让学生自己设计班徽，人人讲解设计意图。定稿后，通过集会、比赛、班级活动等各种场合展示班旗、班歌、班徽，使家长、老师注意到我们班的形象标志。班旗、班歌、班徽作为班级的特色标志有助于学生对班级产生认同感和自豪感，加强了班级的凝聚力，增进了学生之间、家长与班级之间的了解和信任。

我们设计定制了班服，使得班级所有人认同这个符号，也认同书香乐苑的文化。

书香乐苑是借家长捐赠的童书进行师生共读的场所，全体师生、家长享受阅读带来的喜悦之"悦"（心灵的愉悦）、音乐之"乐"（美的熏陶）、超越之"越"（思想的提升），达到儿童阅读的最高境界，引领学生爱上读书，使阅读成为学生飞翔的翅膀。

能量墙引领"悦"读走向深入。我们评选悦读"月冠军""周明星"，定期更换，引领学生享受读书给他们带来的愉悦。阅读接力榜展示和记录了家长的捐助情况，使这种方式得以继续。

"读书破万卷，下笔如有神"专栏为学生的作品提供了展示平台。一篇成功的习作、一次得意的书法作品、想与同学们分享的资料都可以在这里得到展示。

我把所有文化设计的理念印成文档，让每一个孩子背诵，使他们明白一幅画、一张字、一张照片所蕴含的老师的希望。每个孩子都能熟练介绍班级，也可以为参观者做介绍，更重要的是培养了孩子们的自信，这也是把老师的思想根植于他们心中的过程。

花儿慢慢地开放

儿子和学生在渐渐长大，我意识到仅仅靠热情鼓舞孩子读书是走不远的，自己必须读书学习，向专家学、向书本学、走出去学。岳乃红的《班级读书会123》、闫学的《阅读的爱与痛》、苏霍姆林斯基的《给教师的一百条建议》、韩兴娥老师的《踏上阅读的快车道》以及各种教育杂志我都拿来读。接连几次参加潍坊教科院薛老师组织的语文主题学习现场会，多次听韩兴娥老师、李虹霞老师的课，参加省教研室的经典阅读课题研讨活动，使我对课外阅读有了深入的思考。我下定决心要用自己的教育思想催开那一朵朵含苞的花。

一、"师生共读整本书"行动

《义务教育语文课程标准（2011年版）》指出："要重视培养学生广泛的阅读兴趣，扩大阅读面，增加阅读量，提高阅读品位。提倡少做题，多读书，好读书，读好书，读整本的书。"但小学生阅读的现状却不容乐观。首先，学生课外阅读缺乏有效指导，单一的阅读作业成为读书的"伴侣"，学生被动应付，缺乏主动思考意识和自主阅读能力；其次，布置阅读作业、追求读书数量的功利阅读让老师累、学生累，学生阅读兴趣丧失；再次，提倡亲子共读，但家庭读书盲目选择，不能根据学生年龄特点，形成书目选择、阅读方法、指导评价的序列，造成高耗低效，结果差强人意；最后，课外阅读的评价以数量论高低，忽视读书质量，书籍的品位不高。以上问题对读书习惯的培养和阅读能力的提高都造成很大程度的制约。

基于这种现状，我提出"推荐书目—教师指导—学生实践"的"师生共读整本书"的行动研究，作为提高学生语文素养的重要手段，收到很好的效果。该项研究首先解决了书籍选择的问题，教师通过课程标准、网络报刊、专家推荐等不同渠道获取信息，向家长推荐优秀书目，保证了阅读书籍的高品位；其次，我们所读的每一本书都是同一版本，解决了无法在课堂上统一指导阅读的难题；再次，师生在一起讨论书中细节，感受作者脉动，激发了学生的阅读热情；最后，形成了书目选择、阅读指导、评价调控的科学指导序列。一本本经典图书提高了学生的语文素养，使学生的语文学习真正做到"轻负高质"，也让我与孩子们找到了语文课的美丽。

二、我的主要做法

1. 找到我们阅读的书籍（书目选择孕育心中希望）

（1）阅读接力，爱心传递。

进行整本书的阅读，最大的困难是学生买来的书版本不同，没法很好地交流，学生形成习惯之前没有检查是不能很有效地督促他们的。家长们"望子成龙"心切，但常常是让孩子做题再做题，结果事与愿违，孩子越做越木讷，思路越来越窄，成绩难以提高，事倍功半。我利用家长会做动员，大谈课外阅读的好处以及开展师生共读的困难，家长们都认可我的做法，家长会一结束，就有一位家长主动给全班学生每人买了一本《柳林风声》。从此，我们开始了阅读整本书的幸福旅程。从那以后，每当一本书快读完了，家长们就亲自或委托书店把书送来，现在我们已经有三四十本共读的经典书籍。家长和学生还共同成立了"爱心读书俱乐部"，我们班阅读完之后把这些书籍传递给其他班级的学生。这种书籍获取的方式家长很支持，解决了他们无从选择的问题；孩子很喜欢，他们读过的书籍可以传递给别人，自己可以做一个爱心小天使，传递爱心，赠人玫瑰，手留余香。

（2）尊重个性，书籍入手。

为了让孩子们喜欢上阅读，我们首先从学生喜欢的儿童文学作品开始读。我们读过《长袜子皮皮》《今天我是升旗手》《爱丽丝漫游奇境》《草房子》《夏洛的网》《猎人笔记》《青铜葵花》《屋顶上的蓝星》等等，这些小说有冲突，故事情节能吸引学生一页页看下去。孩子们从他人的思想、情感、苦难、探险等经历中获得间接经验，提高了认识，丰富了情感，磨炼了意志。

（3）逐步拓展，广泛涉猎。

鲁迅认为，读书"须如蜜蜂一样，采集过许多花，才能酿出蜜来，倘若叮在一处，所得就非常有限，枯燥了"。学生大多喜欢故事性强的书，但读书要广博、要涉猎不同类型的书才更有益。每个学期我都给学生一个推荐阅读书目，从沈石溪的动物小说到科普类书籍，以及《孔子的故事》《叶永烈讲科学家的故事100个》《地心游记》等，为孩子们打开了认识世界的一扇窗。

（4）设置坡度，挑战自我。

有一定阅读坡度的书，读起来相对吃力，但吃力也有好处。读半懂的书，对学生来说意义最大——他在动脑子，他在不断的疑惑与探索中，获得豁然开朗的乐趣。比如《西游记》的原著并非儿童语言，对学生来说构成了一定的阅读障碍，但在学习完《三打白骨精》课文，看过青少版的《西游记》以后，这样的语言，学生凭借心智的努力是完全可以克服障碍理解故事的。读这样的书可以帮助学生形成阅读技巧，获得心智的成长。

2.学会阅读整本的书（方法指导使得蓓蕾初放）

"在阅读一事的本身，教师没给一点儿帮助，就等于没有指导。"在叶圣陶心中，阅读指导是很有必要的，在实际教学中也是非常需要的。我指导学生读整本书，一般要经过几个来回。

（1）快速浏览读。新书一到，学生先读书名、副标题、目录，然后看看封面题图、内页插图、作者的序言、摘要介绍以及书后的评论等。如果书还有书衣的话，看看出版社的宣传文案，也可以从目录中发现自己感兴趣的章节浏览，十几分钟往往就可以让学生了解一本书的大致内容。这极大地培养了学生的快速阅读能力。

（2）畅快淋漓读。这是教室里最安静的时刻，大家迫不及待地读故事，仿佛一棵棵吮吸甘露的树苗。我既不要求他们做笔记，也不用写心得、做批注，因为一口气读完一个故事是一件痛快的事情。全身心投入地读——让自己活在故事的世界里，参与事件的发生，让故事贯穿自己的身心。比如读《屋顶上的蓝星》时，孩子们边读边哭，有时又笑起来。这时，学生已经敞开心灵，走进书中。

（3）心灵相通读。一番畅快阅读之后，就要对书的内容做一个回顾。我有时会提出书中的一些重要话题，让学生带着话题进行阅读。故事的大意、主要情节、重要的角色、场景、关键的细节、小说的主旨等，我引导学生把心灵放在作者的脉搏上，感受他的跳动，并做出自己的评价。这个环节，学生通过批注、读书交流卡的形式将读书成果、体验传达给教师，教师在整理读书信息的基础上，设计读书交流会的流程。

（4）展示交流读。针对学生在个性阅读中独特的感悟设计班级读书交流会，学生对自己感兴趣的话题及有关章节，交流碰撞，共同提高。真正走进书中，走出书来。

实践中，我们摸索出了以下五种基本课型：

一是推荐读物课。其课堂结构为：介绍读物—快速浏览读—畅快淋漓读。

二是阅读方法指导课。其课堂结构为：阅读方法介绍—学生读书尝试—交流阅读体会。

三是个性阅读课。其结构为：出示阅读要求—学生自由阅读—反馈阅读效果。

四是展示交流课。对知识性强的科普书籍，采用知识问答的交流形式，比如《西游记》竞赛五十题、《叶永烈讲科学家的故事》竞赛题等，其结构为：师生启发交谈—小组交流—班内发言—小结升华。

五是阅读欣赏课。其结构为：佳作欣赏—个人点评—班内交流—积累写作。

以上五种课型有效提高了学生对整本书的把握，教给了学生阅读的方法，提高了阅读的能力，达到"师傅领得巧，学生读得好"的效果。

学生阅读中，"读、思、议、写、拓"成为基本方法。

读是基础，"读书切戒在慌忙，涵泳工夫兴味长"。低年级学生以读为主，反复吟诵。我们学校为低年级印制了《童音涵泳》童诗集，我们读完后又一起读了《蝴蝶·豌豆花》《打开诗的翅膀》以及各种绘本。

思，即对读书后的感受和困惑引发思考。畅快淋漓的阅读之后，我们会与家长、孩子在微信上聊一聊读书的感受，从发言中捕捉有效信息，提出主要问题进行思考，如我们读完《木偶奇遇记》，提出"匹诺曹是不是个好孩子"这样的问题让学生思考。

议，旨在养成与他人积极讨论交流的习惯。在以"读《木偶奇遇记》做个好孩子"为主题的课堂上，学生充分发表意见，书中的匹诺曹调皮、撒谎、不听大人话、经受不住诱惑，这完完全全是一个坏孩子的形象。但是他在不断改错，不断进步，这是成长的必然，孩子们进行讨论，明确是非。

写，不动笔墨不读书，将自己读书后的想法写出来。低年级学生的阅读中主要是让他们明白读书要拿着笔，画出好玩的句子，遇到不认识的字要查字典。到了中年级就开始在旁边写批注。

拓，用这种方式更深刻地理解作品。读《不一样的卡梅拉》一书时，孩子们用画笔画出自己最喜欢的形象，站到讲台上讲一讲喜欢的理由。读完《蝴蝶·豌豆花》以后，学生自己写童诗，做绘本，创作的欲望得到最大的释放。

二孩政策放开后，看到有些学生家里添了新成员，自己心里接受不了父母对他的忽略，我便带领孩子们阅读绘本《你们都是我的最爱》和《汤姆的小妹妹》，讨论我们该如何与弟弟妹妹相处，感受到手足之情的珍贵，让学生懂得兄弟姐妹是父母给予我们的最好的礼物。与学生生活实际相联系也是拓展的重要内容。

3. 运用评价激发兴趣（激励督促催开幸福之花）

对整本书的阅读要经常检查、督促、交流、评价。教师要对学生阅读的书籍数量经常统计，以督促学生形成习惯。及时发现好的典型，组织交流，扩大影响，尤其是定期评选的"读书之星""书香家庭"起到很好的示范带头作用。我们设计了阅读"存折"，对学生的阅读过程进行评价。

（1）读书习惯评价。家长在"每天读书半小时"的证明条上签字奖励1颗星，以此激励学生保证阅读时间；学生每读完一本书，家长签字后，教师从书中提问三个问题，答对两个以上者奖励5颗星，在阅读"存折"上记5个点。

（2）书目选择评价。所读书籍是超过150页的科普书籍，在原来奖励的基础上加2个点数；所读书籍属于"快餐式"书籍，只得基础奖励2个点数，以此鼓励学生读经典书籍。

（3）阅读与运用评价。学生读完一本书，并写一篇超过400字以上的读后感，奖励8个点数。作文当范文在班级内交流的加3个点数，积极参加学校组织的作文大赛的加5个点数，习作在学校以上的大赛中获奖的加10个点数。

（4）影响力评价。能带动家长、同学读书，家长、同学有感言并形成材料的加5个点数；积分满20个点数奖励笑脸一枚，笑脸10枚以上者被评为本学期的"读书小能手"。

（5）背诵经典评价。鼓励学生及家长积极进行经典诵读，学生每背过一首古诗（词）加1个点数。

（6）终结性评价。评价由低到高分为学士小读者、硕士小读者、博士小读者各两级，共六个等次，积点数满200点者晋升为高一级读者，换领新阅读"存折"续存，达到二级博士小读者的学生，可以到学校阅览室自由借阅图书。

我们的激励性评价规则是由教师和学生共同制定的，激励措施既稳定又灵活，可根据学生阅读实际进行调整，学生自己制定，自我遵守，学生参与阅读的主动性大大增强。

于蹊径独辟处创新

创建"书香乐苑"，绝不仅仅是建设外显的班级文化，而是全方位建设：班级文化氛围的熏陶、各科教师的合作、家校协调、评价策略的跟进等，全班拧成一股绳，把建设书香班级作为共同的目标，齐心协力，互相帮助，互相关心，取长补短，营造浓厚的文化氛围，整个班级有严明的纪律、端正的学风，经常开展一些具有现实意义的活动，体现班级特色，打造班级品牌。

我们学校的家校活动开展得有声有色，书香乐苑家委会也积极响应。陆游诗云："纸上得来终觉浅，绝知此事要躬行。"苏霍姆林斯基说："每一个孩子就其天性来说都是诗人，但是，要让他心里的诗的琴弦响起来。"要打开他创作的泉源，就必须教会他观察和发觉各种事物和现象之间的众多的关系。为此，我带领孩子们走出教室，找寻这些事物之间的相互联系，激发起他们自己的、活生生的思想来。

但是每一次活动的开展，我都会提出建议：要有我们自己的特色。我们的活动目标很明确：把开展特色活动作为"书香乐苑"班集体建设的有力载体，开拓各种渠道，多角度、深层次巩固和提升班级的特色品牌。

1.金秋时节，走进柿子沟、弥河生态园，学做旅游攻略

目标：形成小组的旅游攻略。活动前，学生都先学习青州旅游强市的政策、旅游攻略，让学生学会做出游前的准备。家长引领孩子了解路线、当地的风俗、地理、植被等，活动中，每个学生都要讲一讲自己了解的知识，给大家做介绍。

2. 元旦期间，举行亲子新诗会

连续两年的新诗会，老师家长齐登台，朗诵诗歌，布置舞台，提供奖品，家长积极踊跃。"咬定青山不放松"，我想为孩子们打造一个不一样的舞台，留下童年的精彩。我特别感谢学校领导的支持，让我们的孩子得以登上报告厅的舞台，锻炼自己，增长自信。

3. 春游范公亭，我是小导游

目标：学会介绍自己的家乡。活动前，我先带领学生到博物馆，请导游带我们游览，学生学习导游的仪态、语气，了解青州博物馆。然后下发每个小景点的导游词，学生背诵一周后开始春游范公亭。活动时，每人都带上耳麦，过一把主持瘾。孩子们的主持获得很多游客的赞赏。

4. 读沈石溪小说，走进动物世界

开设动物小说阅读课程。读书，养小动物，走进野生动物园……让学生感受到阅读不仅仅是眼前的文字，更重要的是文字背后的世界。在活动中学生交流了收获，锻炼了自信，激发了读书的兴趣，增长了合作能力。

5. "六一"新创意，作品集完成

每年的六一儿童节，家长都会给孩子们带来丰富多彩的礼物。在四年的熏陶中，家长的礼物越来越有班级特色，书籍、配班服的短袜等，今年，他们纷纷把买礼物的钱交给家委会主任，要给孩子们出一本习作集。家长建议把这项编辑的工作交给孩子们，我乐得清闲，把以前印制的各种作品集的电子文稿交给孩子们，由着他们折腾。

6. 为期半年的围绕"花中四君子"（梅兰竹菊）全课程的学习

孩子们经历了从懵懂到清晰的探究过程，理解"花中四君子"的品格还不是最重要的，最重要的是他们有了一种全新的思维方式。

7. "小同伴，大讲台"为孩子们提供了一个展示自我的机会

每周一早上第一节课，是一周的读书交流课，孩子们自己做课件，上台汇报一周以来的读书成果，台下的学生提问，台上的学生解疑，一次次历练，让孩子们在书籍的海洋里畅游。

8.守望心中那片净土

每年寒暑假，毕业的孩子都会相约走进校园。在校学生与他们手拉手，解说队的老队员拉着小队员介绍解说经验，小队员给哥哥姐姐介绍学校的新变化。他们走进教室，雀跃着奔向书架，在这里他们寻找到自己当年读过的书籍，找到写着自己名字的课外书，把自己做的批注拿给弟弟妹妹们看，那份满足与幸福是其他事情无法给予的。

9.同伴互助，自主"悦"读

开展班级共读十多年了，我、学生、家长共读一本书。我一直有一个看似理想化的思考：行走在书香乐苑建设的路上，让学生乐意阅读、自觉阅读、自由阅读，使阅读成为真正的"悦"读，使"悦"读烙印在学生的生命里。

理想与现实总会有差距：由于家庭阅读习惯的差异、学生本身兴趣点的不同、教师精力的局限等多方面的原因，学生之间出现较大差异——乐于读书的学生不满足于老师的推荐，开始读经典名著，甚至古典文学；一般学生认真阅读老师推荐的书籍；阅读能力差的学生常常把共读的书读到一半就跟不上了。就这样，有一部分学生掉队了。

我焦急、苦恼、彷徨，难道几年的探索就此止步？

那天，我读了一篇介绍郭思乐教授生本教学理念的文章，脑海中忽然迸出一个念头：可不可以把小组合作引入"童心悦读"，借助"同伴互助"的力量，让小组阅读成为常态，组长每天检查督促、讨论分享，使"悦"读呈现自由生长的状态。

（1）学生双向选择，分组实现自愿。

在同伴互助中，组长的组织协调至关重要，必须保证学生服从组长的管理，所以学生投票选举组长，请威信高、热爱阅读、热心帮助同学的学生担任组长。组长选择组员，组成读书小组。这样组成的小组成员之间相互信任，相互支持，他们往往有共同的兴趣爱好，阅读的兴趣基本一致，为以后的小组共读奠定了基础。

小组成立后，中年级学生的管理能力还需要不断培养。教师定期召开读书小组长会议，教给他们如何调动全体组员的阅读积极性，怎样帮助阅读有困难的同伴，如何根据小组活动中全体参与的情况进行小组间的评比，等等，使小组长渐渐成长起来。每个学生都有集体荣誉感，五六个人的小组成员抱成团，互相鼓励，互相督促，自觉自愿地为小组的阅读活动加分。

（2）书籍自愿选择，"悦"读实现自由。

低年级学生因为知识面窄，书籍接触得少，选择书籍有难度，所以依靠老师推荐，家长、老师督促引领童心"悦"读非常重要，但是学生进入中高年级，阅读书籍渐渐多起来，知识面不断拓展，他们有了自我辨析的能力，小组共读可自由选择书籍，教师就要为他们提供了一个自由的天地，他们会更有兴趣，他们的"悦"读眼界会更开阔。这期间，教师的指导必不可少。

① 选择其他小组"悦"读的书籍。

小组的"悦"读要定期与同伴分享。我们每周一第一节课就是小组一周的"悦"读汇报展示时间。如果一个小组选择的书籍适合这个年龄段的学生阅读，教师就会很有倾向性地表扬鼓励，使更多的小组加入这本书的阅读行列中；如果哪个小组阅读的书籍品位不高、意义不大，甚至选择的书籍不适合这个年龄段的学生阅读，教师就要适当教育，使他们的阅读尽快改正方向。小组间的竞争、定期的汇报，使学生的阅读自由有了正确的方向引领。

② 选择小组成员都喜欢的书籍。

既然是小组共读，书目选择自愿。学生自己选择的书籍，往往是他们特别感兴趣的。比如，在连续几个周的"悦"读汇报展示中，高小婷小组总是汇报沈石溪的动物小说系列，我调查后发现，学生特别喜欢小动物，喜欢沈石溪笔下有血有肉、有情有义的动物，他们仿佛发现了一个新奇的世界，乐此不疲地阅读着。这时候，教师的支持就是最大的肯定。在本学期的阅读中，八个小组的学生都读沈石溪的动物小说，他们讨论、比较、探究，不亦乐乎。

（3）快乐讨论实践，"悦"读走向自觉。

课间自由讨论成为自觉。因为小组是双向组合的，往往家离得近或者座位离得近，他们的讨论非常方便。以前学生之间的活动是打闹，是闲聊，现在他们在一起常常讨论阅读的书籍，讨论每周一汇报时发言的分工，讨论书籍中特别有趣的情节、特别感人的片段，讨论读书的困惑……他们的课余生活因此忙碌而充实。与以前全班共读时教师的督促相比，这样的读书更愉快，渐渐地，"悦"读成为学生自觉的行为。

比较阅读实践使"悦"读走向开阔。学生在与同伴共读中、在每周的汇报中、在思考中不断发现、探究，找来更多的书籍比较阅读，并且到生活中体验，使童心"悦"读越来越开阔。比如，学生阅读沈石溪的《狼王梦》，比较阅读了姜戎的《狼图腾》和西顿的《我的野生动物朋友》，观看了电影《狼图腾》，查找了狼的分类，了解了狼的特征，进行了一次综合性的学习，这个收获远远不是一个人阅读可以实现的。

独行快，众行远。同伴互助解决了班级共读的难题，阅读的自愿、自由、自觉的理想状态正在呈现，学生的阅读之路有了小伙伴的牵手，成为精神共度的奇妙之旅。

家委会为书香乐苑的前进助力

通过两次家长会，多次电话、微信、家访的沟通，我和家长之间互相有了了解，建立起了信任。于是，我们班成立了家长委员会，班级定名为"书香乐苑"。亲子共读、师生共读、外出旅游的照片、学生稚嫩的文字、关于读书的名言故事、师生家长的书画作品以及我真心写下的致谢辞一一上墙，形成了以"读万卷书，行万里路"为主题的班级文化，一帮热情的成年人带领着稚气的孩子开启品赏文字之美的旅程。

1. 家委会活动为孩子们打开一扇窗

家委会的成立采取自愿报名，分工合作的方式，主要负责书香乐苑各项活动组织、书籍采买、班级工作上传下达等。大家一致推举热心的书廷妈妈做家委会主任，文欣妈妈做副主任，婧怡妈妈做会计，文杉妈妈负责安全，宸羽妈妈、泉博妈妈、小婷妈妈做外联，英睿妈妈负责宣传与总结。

苏霍姆林斯基有句话："教育的目的应当是向人传送生命的信息。"教育的"育"应该从尊重生命开始，使人性向善，使人胸襟开阔，使人唤起自身美好的"善根"，就像语文课本里《浅水洼里的小鱼》中写的那样拥有"这条鱼在乎"的美好心境。泰戈尔也说过，我们要培养学生"面对一丛野菊花而怦然心动的情怀"。我觉得既要倡导孩子们读书，又要带领孩子们看到外面的世界，正所谓"读万卷书，行万里路"，用经典书籍和多彩的活动为孩子们打开一扇窗。张文欣的妈妈联系到军民共建单位；刘书廷的妈妈早就做好了班级大旗；王文杉的妈妈给每人带来了一副手套，以便随手捡拾垃圾；王英睿的爸爸扛着照相机做起了摄影师；王泉博的妈妈又开始联系下一次实践活动地点……每次活动家委会成员各司其职，团结协作。大家带领孩子们看到了一个缤纷的世界，孩子们用自己的眼睛发现了生命的美好。

我们走进军营，看到戍守弹药库的军人整洁的内务和与他们为伴的臭虫，看到我国武器的发展史以及战士们高超的野战训练技能；我们走进春天，看到烂漫的菊花独立寒秋，孩子们插上想象的翅膀把五彩的树叶做成一幅幅粘贴画；亲子跳绳，孩子们感受到的是欢乐和温情；我们一起欢度新年，稚嫩的歌声伴着家长的祝福飞得很远。

一次次活动，开阔了学生的眼界，唤醒了家长陪伴孩子的意识，一行行美丽的文字从孩子的笔端流淌。

我们边走在美丽的小路上，边听着路边音响里优美的音乐。我们看到路的两旁开满了各种各样的野花，有红的、黄的、紫的……五彩缤纷，美丽极了。我们闻闻这朵，瞧瞧那朵，觉得自己像一只快活的小蝴蝶，在清香四溢的花丛中翩翩起舞……

——明芮

我和妈妈在小溪边的大树上拴好吊床，躺在上面，一边闻着荷花散发出的清香，一边听着鸟儿唱着欢乐的歌，身体随着吊床荡来荡去，心儿也欢快地飘荡起来。

——笑宇

2. 网络让家校教育没有距离

家校是合作伙伴，更需要进一步的了解、沟通与交流，保持经常性联系，只有这样，合作才有持续性，才能增进彼此的情谊。当今社会是网络信息时代，我们利用QQ群、微信群等平台随时随地交流。"假期中的书目推荐""孩子的写作指导""家中有不爱看书的娃""中小学生要学会连滚带爬地读书"等等，都是我们交流的话题。春节期间，亲子朗诵《为你读诗》，让家长和孩子足足过了一把朗诵瘾，优美的音乐、纯美的诗歌带给大家的不仅仅是视觉、听觉的享受，更是对文字的热爱，对阅读的热爱。读完《蝴蝶·豌豆花》，孩子们即兴创作了很多诗歌，发在班级博客中，老师、家长以及小伙伴纷纷点赞、评论，让孩子们很有成就感。

我会录制孩子们在学校的生活视频发到QQ群中，将互相帮助和得到奖励的学生的照片发到微信上，家长把孩子们优秀的作品、在家认真读书的照片、帮家长做家务的视频发到班级群里，家长、老师纷纷围观点赞，给孩子以自信。家长随时了解孩子的在校情况，我也时刻关注学生的在家表现，网络让家校教育没有距离。

3. 大讲堂搭建书香乐苑大舞台

教室是学生学习的地方，也是学生成长的乐园。好好利用教室这个阵地，就会发挥它最大的作用。我就充分利用家委会这一资源，请家长与孩子一起朗诵诗文，让更多的家长和孩子站到这个舞台上。小婷的妈妈带给大家的诗不仅动听，更带给大家深深的思考。针对班中元泓国学知识丰富这一特点，专门为他开设一堂课，让他为同学们讲解篆书的特点、传统文化小故事，背诵《前出师表》《岳阳楼记》等经典诗词，孩子们仰慕他的才学的同时纷纷拜元泓为师，与他一起学国学。新年联欢会上，家委会的成员带着新年礼物来到教室，一番语重心长的话语似冬日里的暖阳让孩子们备受激励。

其中立德课"读《木偶奇遇记》做真正的好孩子"是这样组织的：孩子们通过读故事，与家长交流感受，阐释了他们对好孩子的理解，而我只是充当统合的角色。在课堂中孩子在字里行间寻找好孩子的印迹，与家长探讨好孩子的标准，得出"诚实、善良、好学上进的孩子"才是好孩子，解决了生活中的一些问题，也就找到了自己努力的方向，更点击了每个人心中的快乐。

4. 家庭结对带领家长走向优秀

"你有一个苹果，我有一个苹果，咱们互相交换，手中还是只有一个苹果；你有一个思想，我有一个思想，咱们彼此交流，我们得到的是两种思想或者更多的思想。"家长在学校教育面前不是无能为力的、被动的，而应是主动的、有所作为的。

有的家长有强烈的教育好孩子的愿望，但苦于没有科学的教育方式方法；有的家长教育观念陈旧，对孩子缺少基本的尊重和必要的沟通，这些都直接影响着家庭教育的效果，不利于孩子的健康成长。因此，我充分发挥学校这一平台，让一部分优秀学生的家长以自己的现身说法，去影响另一部分还不够优秀或者正在走向优秀的学生家长。我举办了家庭手拉手活动，将家庭组织起来，相互结成对子，利用平时空闲的时间让他们多接触、多沟通、多学习、多影响，共同培养孩子的好品质，提高家庭教育水平，促进教育发展。家委会成员主动与有教育困惑，或对学校教育不够理解的家庭结成对子，现身说法，解决了不少问题。贝贝妈妈因为工作忙，有一次脚肿了，廷廷妈妈背着她到医院就诊，贝贝妈妈深表感激；宇宇爸爸对我给宇宇安排的座位有意见，也听不进去我的解释，家委会主任及时和他沟通，使他欣然接受教师的做法。

可见，家庭之间的互结对子、互相帮助，胜过学校老师的喋喋不休。

5. 经典阅读带我们一起领略文字之美

家委会的建设让我们有机会读到更多的经典。自从"爱心读书俱乐部"成立以来，每当一本书快读完了，家长就亲自或委托书店把书送来了。几乎所有家长都给孩子们买过书，我和孩子们现在已经有了三四十本共读的经典书籍。在征得家委会的同意后，我们与新华书店联系，把读过的书籍赠送给他们，供青州市的小朋友免费阅读，他们为我们提供了我推荐的新书。这样我们有了很多书，师生共读、亲子共读使每个人都带有书卷气，多了一份从容，少了一份浮躁；多了一份淡定，少了一份急功近利。

每当孩子看书时，笑声、叫声会不时从孩子的房间内传出。那时我会被孩子读书的激情与投入所感动，禁不住拿起孩子读过的书与孩子一起阅读。作为母亲，我在品尝孩子的成长快乐的同时也体验着读书的快乐。

——一诺妈妈

看着家长对孩子读书的支持，看着孩子们一天天成长，我不由得写下这样的文字：

因为热爱，我坚定信仰读书的力量，开始乐此不疲地推荐；

因为沟通，您认可读书对孩子心灵的滋养，并伸出援助之手；

因为喜欢，你们行走在美丽的文字中，聆听着动听的故事……

因为我们心有所爱，爱心读书俱乐部成立，书香乐苑诞生——

清晨，《三字经》、《弟子规》、唐诗宋词的诵读声从乐苑里传出；

午后，安静的乐苑中，孩子们的世界被老师娓娓道来的故事占据；

夜晚，温馨的书房里，孩子牵着大人的手一起走进书中；

读书成为我们心灵的港湾……

从《鸭子骑车记》到《一年级鲜事多》，从《三字经》到《兔子坡》，从《不一样的卡梅拉》到《第一次濒临灭绝的动物》……童话故事、科普读物、经典绘本、通俗文学，孩子们如勤劳的蜜蜂，在书籍的百花园里徜徉，吮吸书香，沐浴经典。

在书香乐苑里，孩子们有老师与家长的引领，有共读的书籍，有共读的时间，有科学的方法指导，有交流碰撞的场合，有深入人心的激励措施，他们乐此不疲地在读书过程中爱上了语文课，喜欢上了读书、谈书，喜欢记录与创作。他们创作了自己的习作集，积极参加各类诵读比赛并获得优异成绩，在各级各类习作比赛中获奖，习作在各级各类报纸杂志上发表。

我知道，孩子的阅读对成长很重要；我知道，教师对孩子读书的影响很重要。我很幸运，我和孩子们拥有一间属于我们的"书香乐苑"，我愿做一名艄公，伴着孩子们的欢笑，满载一船星辉，向青草更青处漫溯，让我的理想在教室里生长，让我的"书香乐苑"伴随每个孩子快乐成长。

唤醒，是最好的教育

教育绝非单纯的文化传递，教育之为教育，正是在于它是一种人格心灵的"唤醒"，这是教育的核心所在。

——马克思

教育应当是充满人性化和温情的，始终发扬人的价值、尊严和人性的光辉。教育应该唤起人对自身、对他人、对世界、对真理的探求的好奇、热情与执着，使人懂得珍惜自己、关爱别人和呵护世界。因此，唤醒每一名家长对阅读的关注，陪伴孩子读书，是我工作的重要内容。书香乐苑里的家长与孩子们心灵相互碰撞，感情彼此交融，大家对一个个鲜活生命的尊重、陶冶与唤醒，是对教育最深刻的理解。

刚入学一年的小豆丁，他们喜欢读书了，唤醒了家长阅读的意识。家长们拿起手中的笔，记录了自己对教育、对阅读、对孩子成长的理解。

美妙的事情

与孩子一起读书是件很美妙的事情，我自己只要有时间就会静静地看会儿书。刘婧怡小的时候，我常在临睡前给她讲故事听，一个故事往往反复讲好多遍，我都觉得厌倦了，她还听得津津有味，有时我想偷个懒，草草两句敷衍过去，她就会打断我，给我纠正我故意落掉的句子。在这种反复的听讲过程中，孩子潜移默化地就会讲一些简单的小故事了。通过讲故事、听故事可以激发孩子的想象力和创造力，书中优美的语言还能让孩子掌握一些词汇成语，在读书的过程中可以适当地提醒孩子注意。读书也促进了孩子对生字的掌握。她爸爸从网上订购了一整套《弗洛格的成长故事》，刚开始她只能读几本带拼音的，后来发展到不带注音的也可以读下来了。当然对一些陌生的字，她往往会断章取义、张冠李戴。比如"往往"她会读成"住住"，只取她认得的部分读，也闹出不少笑话，这时候我就会及时提醒她纠正过来。

陈老师布置的家庭作业经常有读书、记日记的内容，这个学习过程就很好。家长的引导与支持会给孩子带来正面的能量，听孩子读书可引导她有感情地朗读，边读边思考，还可提问孩子从书中学到了什么道理，明白了什么事情，让孩子充分表达自己。这种模式又为写日记奠定了一定的基础，有时孩子不知道写什么，我就鼓励她只要写身边真实发生的事情就好，几句话也好。

——婧怡妈妈

让阅读成为孩子生活的一部分

作为小婷的家长，我觉得自己是不太合格的，因为总是没有足够的耐心陪孩子游戏、玩耍，从来没有认真去了解她真正的需要。所幸的是，亲朋好友对小婷给予了莫大的关爱，她喜爱读书的好习惯也是亲戚朋友们帮她养成的。

婷婷一岁多时，姨妈给她订了两年的《婴儿画报》。为了哄她睡觉，晚上我就给她念书上的故事，久而久之形成了每晚都念一段故事的好习惯。孩子对阅读的兴趣可能就是从这时候开始的。后来朋友去图书馆办借书卡，顺便给婷婷办了一张。幼儿园期间，一到周末我们娘俩就去图书馆消磨时间。虽然那时候她可以看的书很有限，但是她已经把书当成了好朋友，一到超市总是先去卖书的地方转转。

高小婷终于上一年级了，我舒了一口气，她会读拼音了，终于不用我念给她听了。《青蛙弗洛格的故事》她念了一遍又一遍，每次念到弗洛格和小熊的故事时，她都偷偷地哭；前一阵读《三毛流浪记》时，还难过地对我说，要是三毛来我们家就好了，吃穿不愁。看到孩子有这么善良、柔软的心，我真的很欣慰。

对于学校"让孩子养成阅读的好习惯"的倡议，我非常支持，孩子们这么喜欢阅读，与老师们的引导、督促也是分不开的。为了孩子健康、美好的明天，我们共同努力，让阅读成为孩子生活中必不可少的一部分。这是我的心声，也是所有家长的心声！

——小婷妈妈

2013年3月24日

懵懂少年读书乐

如歌的岁月，花样的年华。就是这样的不经意间，张梓钧已经不太喜欢刀枪剑戟、变形金刚、遥控汽车，而是常常在书桌前坐下来翻翻书，翻的也不再仅仅是幼儿园时代的漫画了，有模有样像个小大人，煞是喜人。

一天，我下班回家后在客厅没有见到他，还以为他又跑出去"疯"了呢。一瞧，他竟然趴在书房的小书桌前，时而托腮凝思，时而念念有词。心里大喜，这小家伙开始用心读书了，好高兴。看来幼儿园和小学还真是大有区别呀。不过这成长还是太"神速"啦！我忍着内心的狂喜，下意识地蹑手蹑脚来到他身后，我要使使坏。

"哈哈哈。"还没等揪着他的小耳朵呜呜几声吓唬吓唬他呢，这小子就被书里的三毛逗得乐翻了天。嗨，真是不配合呀。还没等我回过神来，更大的"倒霉"就接二连三地来了。

"妈妈，三毛怎么那么可怜呀？"

"妈妈，三毛帮助了人家，怎么还挨打了呢？"

"妈妈，三毛还活着吗？……我想……"

哎呀，儿子的连珠炮轮番轰炸，我该怎么办呢？还是乖乖放下包陪他一起好好读《三毛流浪记》吧。

有人说读书是苦趣，没有花花世界的精彩，可我说读书是乐趣，有精神的休憩和亲情的欢愉。

——梓钧妈妈记录孩子读《三毛流浪记》轶事

2013年4月15日

第四辑　唤醒，是最好的教育

心随书动

经过一年多的努力，我家的小男子汉已经养成了读书的好习惯。一开始他是一个字一个字地指着认读，随着认识的字越来越多，现在他已经能够独立阅读了，我们还创造了多种多样的读书方式。其中演绎书中人物故事是我们经常采用的方式。

《三毛流浪记》是儿子在陈老师的推荐下才开始读的。如今，他已经一口气读完了《三毛从军记》《三毛解放记》《三毛新生记》。仿佛书里有魔力似的，深深吸引着他。我也常常为儿子的这种举动而感动。

儿子扮演瘦小的三毛，我是肚大腰圆的富人。一根绳子能把儿子的腰缠两圈，却绕不到我腰的一半。我目中无人地往前走，把迎面跑来的小三毛碰得四脚朝天。我们经常这样演绎书中的故事情节。通过这种形式，我们不仅增强了读书的兴趣，而且更容易感悟到故事中蕴含的人生哲理。

静静读书，慢慢体味。我愿和儿子一起成长，在读书中一起感悟人生的哲理和生命的真谛。

——闵祥钊的爸爸

2013年3月24日

阅读让生活更加丰富多彩

时间过得可真快啊！不知不觉中，女儿现在已经是一名一年级的小学生了，从一个字都不认识，由我读故事给她听，到现在可以一起看书，有时，一些简单的书都能独立看完。从阅读中我看到了孩子的成长。

给孩子一本书，就等于为他打开了一扇通向世界的门。记得在读《小公主机智故事》的时候，我们分工明确，每人读一章节。那时，女儿读起来一本正经，故事虽然精彩好笑，可从她的嘴里读出来却无比生硬，让我一点儿也笑不起来。于是，轮到我读的时候，我就读得绘声绘色，手舞足蹈，以至于逗得女儿哈哈大笑。久而久之，女儿学会了带感情地读书，并且在读书的过程中，能充分感受到书中人物的感情变化。这也让我认识到，和孩子一起读书，不仅能使彼此的关系更加融洽，而且更能让孩子喜欢上读书并潜移默化地提高孩子的朗诵水平以及阅读理解能力。

陪孩子看书、阅读、讲故事，我们收获的不仅仅是知识，还有很多的快乐。记得有一次全家聚会，买了好几个菠萝，大家正准备吃的时候，女儿突然大声说："不能吃，不能吃，必须用淡盐水泡一下，菠萝里面有菠萝蛋白酶，不泡一下吃了嘴巴会很痒的。"逗得全家人哈哈大笑，女儿还一本正经地说："这是《十万个为什么》上说的，是真的。"

孩子在阅读的同时，也在不断思考，锻炼了思维。这是发生在前几天的一件趣事。那天晚上，女儿说："妈妈，我给你出个问题吧，你知道三毛的父亲是谁吗？"我说："不知道。"她说："张乐平。"说着拿出她的《三毛流浪记》指着扉页说："你看，三毛之父张乐平。"我和他爸爸哈哈大笑，给她解释了半天，她才终于理解三毛之父的真正意思。

有时候，和一些同为父母的朋友聊天，他们常常都觉得不知道如何与自己的子女沟通，其实，在我看来，亲子共读就是一种最好的办法。陪孩子一起读书，重新走进学习的氛围，可以让父母重温孩童时的天真烂漫，与孩子一起讨论书中人物的种种表现，在不知不觉中，既可以帮助父母了解孩子的想法，又可以让孩子在认同书中主人公待人处事的态度的过程中获得更深刻的学习。而且亲子共读不仅有助于孩子的语文能力、认知能力的提高，更重要的是通过和孩子共读、讨论书中内容，让家人之间的关系更加亲密。

孩子就像一张白纸，而阅读可以把这张白纸描绘得更加绚烂、更加多彩。父母也是孩子的老师，言传身教对孩子的影响是很大的，和孩子一同阅读，一同学习，一同快乐，一同成长，感受她幼小的心灵世界，这就是我和孩子一起读书最大的收获。

——一诺妈妈

2013年5月7日

书香中我们共同成长

　　读书，是一种享受，也是一种快乐。捧起它，它是圣洁的；翻开它，它是多能的；阅读它，它是美妙的。书中有知识，有精彩的故事，有大自然的奥秘，有生活中的趣事，有幽默、笑话、漫画、脑筋急转弯，还有做人的道理。小学阶段是孩子良好习惯养成的重要时期，也是他们是非观、人生观初步形成的重要时期，它关系到孩子今后的成长，因此培养孩子良好的阅读习惯，选取合适的读物是非常重要的。

　　兴趣是最好的老师。读书首先要做的是找到孩子的兴趣点，充满童趣的书籍不仅可以激发孩子的阅读兴趣，还可以拓宽孩子的知识面、活跃思维。孩子思维活跃了，当碰到问题时又会提出许多的"为什么"，而为了解决这许多的为什么，他就愿意去看更多的书，这就进一步激发了孩子读书的兴趣，以此类推，形成良性循环。

　　对于一年级的小朋友来说四大名著的拼音读本可能不太受欢迎，但是老师推荐的《一年级的小蜜瓜》就会让他们爱不释手。王英睿同学在上一年级之前并不是很喜欢读课外书，不过拿到《一年级的小蜜瓜》这本书后的表现让我非常惊讶，真的可以用废寝忘食来形容。原来这是一本专为一年级男生量身创作的幼年小说。这本书讲述了小蜜瓜背着书包上学的第一天，碰到的第一个老师，交到的第一个朋友，遇到的第一次麻烦，经历的第一场考验……这些事情一年级的男生是如何面对的，这正是孩子想知道的啊，他怎能不喜欢呢？

　　日常生活中我们总是教育他如何坚强，如何努力学习，但是成效总不是那么显著，不过读完《自己睡》的故事后他竟然主动告诉我，他要向小蜜瓜学习，学习他坚定的信念，学习他做什么事情都有恒心。读完《大人在撒谎》，他说我们都应该做一个诚实的人，遇到不懂的问题不能敷衍了事，应该多问、多思考。

《最贴心的礼物》让他更懂得尊敬、孝顺长辈了。这本书给孩子带来这么多的变化，真让我感到非常的欣慰。同时这本书也给了我很多思考。我想每个孩子都有自己的世界，怎么走进属于他们的世界，是家长永恒的课题。家长要尽量压低身子，低些，再低些，和孩子平等，和孩子同视角，或许我们会和他们更近些。

世界很大，学校很小，教科书的世界更小，孩子将来要面对的是广阔的世界。阅读课外书是培养孩子阅读能力的重要途径。阅读能力是孩子的一种重要技能，无论对于应试还是未来的生存发展，阅读都是一种非常有必要的学习方式。选取一本好书，走进孩子的心灵，让我们一起成长！

——英睿的爸爸

2013年5月7

爱读书真好

铭阳从小就是个爱听故事的小朋友，上一年级了，她认识了拼音，也认识了不少字，她开始喜欢自己读书了。

记得铭阳刚开始读《青蛙弗洛格的成长故事》时，看着书上有趣的图画，她急于想知道故事的内容，但是有好多的拼音她也是刚刚学，有时还会拼错，怎么也读不顺畅，她急了，乱翻一通，索性只看图画不看字，于是我就问她，"哎，这只小青蛙叫什么名字啊？""弗洛格！"孩子坚定地回答。"你看，我都学会拼音了。"她指着注了拼音的三个字，"这些都是谁啊？""它有好多个朋友呢，你看……"孩子用她稚嫩的小手指着故事书，一页一页地慢慢讲给我听了，有时她也会念错拼音，我也不去打断她，因为她读得太入迷了，可能她觉得终于可以给妈妈讲故事了吧！

在校学习期间，教铭阳的陈老师鼓励孩子们读书，并会带着孩子们一同阅读。回到家，铭阳会神气地向我们讲很多的故事。渐渐，孩子读的书越来越多，有《一年级的小豌豆》《三毛流浪记》等，她会和我讨论小豌豆、小蜜瓜，她太理解主人公了，会为有趣的情节大笑，也会因为一些不愉快的故事感到难过。对于三毛，铭阳小时候听故事的时候，因为听到三毛没有妈妈，是个孤儿，她会掉眼泪，现在更是很同情这个苦孩子，时不时地感慨"我们多幸福啊"。

看着沉浸在书中的铭阳，无比欣慰的同时，希望她能坚持下去，读更多、更好的书。

——铭阳妈妈

2013年6月24日

幸福的共读时光

与儿子一起读书，是我一直想做的事情，只是作为职场妈妈，白天工作，晚上还要做家务，实在抽不出太多时间来陪孩子一起读书。学校一直都在举办此类活动，于是我在春节放假期间陪同孩子一起读书，这真是一段幸福的时光。

儿子喜欢看书，更喜欢让爸爸、妈妈陪着一起阅读的感觉。他曾经说："我觉得和爸爸妈妈一起读书，这样感觉更有意思。"呵呵！你瞧瞧，孩子其实从内心是非常期待亲子共读的哦。

寒假，我们一起阅读了《一年级的小豌豆》《三毛流浪记》等，这些书都是特别适合孩子读的，很多故事都非常有深意和喻义。我从中还得出了不少有效的家庭教育方法，对培养孩子的道德品质、交际能力都大有益处。当然，孩子也从中受益多多，很多好习惯的养成就来源于对书中主人公的认识和肯定。

每看完一本书，我们都会在一起讨论和回味书中的故事情节。儿子会告诉我书中他最感兴趣的故事，而我和他爸爸则帮他分析为什么会发生这样的事。同时我们还启发孩子对书中的人物进行比较，寻找书中每个人物身上的闪光点。

孩子的阅读能力是学习能力的基础和核心，全面提升阅读力对于一个孩子的综合素质和综合能力是非常关键的。

通过和孩子一起读书，我体会到了幸福和满足。今后我会每天抽出一点时间和孩子一起读书，更好地引导孩子探索世界的奥妙。

——涵博妈妈

2013年6月9日

我陪孩子读书

　　放寒假了，孩子沉浸在放假的轻松时光中，脸上总是洋溢着灿烂的笑容。我俩一起去图书室买了《一年级的小蜜瓜》《一年级的小豌豆》《三毛流浪记》三本书。从放假的第二天开始，孩子每天下午或者晚上都会自己读书，每天读2～5篇左右，我在旁边看着泉博左手拿着书，右手指着书上的字一句一句读的样子，真的很可爱，同时也很高兴。他遇到不认识的字干脆就"ai、ei、ui……ang、eng、ing、ong……"用学过的拼音按照顺序来拼出那个字的正确读音。坐的时间久了，他的身子一会儿朝这边挪挪，一会儿又朝那边动动，很好笑。虽然身子在动，但是手里的书始终没有放下过，直到读完一整篇才去喝水或者做其他的事情。读完一篇我问他是什么意思时，他只会说几句大概的意思，连贯不起来，这也正是他不足的地方。希望以后会逐渐理解。

　　每当我和孩子一起读故事书的时候，我们一起享受着书中乐趣的感觉，自己好像也回到了童年。通过一个寒假的阅读，我和孩子都受到了很大的鼓舞、启发，也发现了许多我们自身需要改正的缺点；通过讨论书中的故事情节，分析谁做得对谁做得不对，明确了我们以后应该向哪个主人公学习，等等。从每个故事中，泉博知道了在以后的生活当中哪些要靠自己去做，不该给家长添麻烦，还说爸爸妈妈上班也很辛苦；知道了做事情要一口气做完，绝对不能半途而废，还给我打了个比方："假如老师在班上给我们讲课，讲到一半的时候就停下来不讲了，又去做其他的事情去了，那后面的课程我们就不会做了，对吧，妈妈？还有假如生病了，肚子疼得厉害，医生看了一半和病人说还有其他的事情，不给看了，那样的话，病人就会疼死的，对吧，妈妈？"我心里美滋滋的，一个劲儿地点头说这个比方说得太对了，我也为此表扬他做得很对，并希望他以后做事一定要认真，同时，我也承诺做事要认真，我们要相互监督。

从《三毛流浪记》中孩子也懂得了要爱惜粮食，不乱花钱，遇到困难不要向后退，要关心和爱护比自己小的同学和朋友，有东西要大家共同分享，好好珍惜在学校里的时光。

通过以上小小的表述可以看得出，孩子的进步离不开陈鸿老师的辛勤付出，陈老师对自己的学生就像对待自己的孩子一样用心、认真、负责，对每个孩子无微不至的呵护。在这里我代表全家给您说声"谢谢"。谢谢您对孩子的付出，为了孩子我会尽全力在后面协助您完成您所安排的每一件事情，我相信您教过的孩子，前途会是一片光明。

——泉博妈妈

2013年4月23日

轻松的书香寒假

放寒假了，看到了孩子那轻松的笑脸，我马上想起了我孩童时放假的感受，希望她尽情地享受假期的悠闲吧！可千万别忘了学习啊！我得提醒一下孙铭阳。

铭阳开始读书了，第一本读的是《一年级的小豌豆》。刚放假的她总是惦记着玩，不肯多读书，每天也就是读10页左右，我对她说："多阅读可以让我们认识更多的字，提高我们的理解能力，而且将来还可以提高我们的写作能力。"她只是点头，读书却也没有什么变化。铭阳的爸爸一有机会就问她有关书的内容，于是铭阳就如数家珍地告诉我们小豌豆上一年级时发生的有趣的故事。有一次，她给我讲小豌豆在爸爸妈妈上班后独自在家时，给冰箱读了一遍课文，又给台灯读了一遍课文，"真有意思啊！"铭阳笑得前仰后合，我们一家人也陶醉在她绘声绘色的演说中。"不得了，我们的铭阳记住了这么多的故事了！"姥姥夸起了孙铭阳。于是当铭阳在读《一年级的小蜜瓜》时，我开始有计划地布置她多读，没想到她竟然毫不含糊地按时读完了。看着她认真读书的样子，我由衷地为她感到高兴，真希望铭阳能爱上阅读，在文字的海洋中汲取知识的营养。

祝铭阳好好学习，天天向上！

——铭阳妈妈

2013年5月

和女儿一起读书

　　放寒假后，根据推荐的书目，我买了《一年级的小豌豆》《一年级的小蜜瓜》《三毛流浪记》三本书。书到手后我先大体翻看了一部分，发现这几本书和之前读过的弗洛格系列都非常适合孩子阅读。书拿回家后文杉见了很高兴，他先读了《一年级的小豌豆》，我读《一年级的小蜜瓜》。家长陪读的效果还是比较好的，我告诉她觉得好的句子就画出来，然后再抄到记录本上。孩子读书的速度也是逐渐加快的，开始每次能读两三课，后来五六课，春节前孩子把《一年级的小豌豆》读完了。刚过年那几天没按时读，因为要走亲访友，晚上回家孩子就困了。在读《一年级的小蜜瓜》时书里的大多数字她都能认识了，速度也就比之前快了许多，用了五六天的时间就把整本书都读完了。这两本书里的小故事非常贴近孩子日常的学习生活，孩子觉得书中的人物就像自己班里的同学，有些情景在自己的身上也发生过。《三毛流浪记》读起来轻松有趣，昨天中午坚持了大约两个小时，读了一半，孩子看到搞笑的内容还会读给我听，也会自己高兴得哈哈笑，当读到三毛生活得很穷苦悲惨的时候，他跟我说三毛好可怜，还一直问三毛的妈妈去哪里了，他为什么不回家呀……

　　文杉现在还不能做到主动积极的阅读，大多数时候需要在家长的督促陪同下才能进行，读书的兴趣还不够强烈，这方面还要加强培养。

　　养成良好的阅读习惯对孩子的成长是非常重要的。希望老师传授更多好的经验，好的学习方法，推荐更多适合孩子阅读的书籍，共同帮助孩子健康成长。

——文杉妈妈

2013年5月9日

快乐共读

　　现在每个家庭都只有一个孩子，又处于这样一个知识型社会，我作为一名家长希望自己的孩子学习积极，知识丰富，思维活跃。但是，怎么样才能做到这些呢？单就读书这一项，我的体会是：和孩子一起读书。

　　快乐共读，和孩子一起在书中感受故事的精彩、语言的优美，一起回味历史的厚重沉淀，体验大自然的美妙天成，探索科学的新奇和不可预知，和孩子共同感受读书的乐趣。书中有动人的故事、美丽的诗行，有人类亘古的思考，也有充满勇气和睿智的探索构成了神奇的万千世界。当然除了美丽和欢乐，也有丑陋和悲哀，一面面警世的镜子，照着人世间的丑恶、龌龊与凄凉。合上书，无论是欢笑还是哭泣，沉思还是畅怀，愤懑还是激昂，都可以用词汇准确描述读书的感受，那就是：快乐！

　　身为母亲，我希望我的女儿坚持看书，爱上看书，希望孩子用她善良可爱的童心在书中品味这个世界，识别善与恶，辨别美与丑，希望她从书中学会欣赏，学会真善美。

——宸羽妈妈

2013年4月23日

第四辑　唤醒，是最好的教育

向喜欢读书的儿子学习

儿子保持每天读书的习惯已经一年半了，这个寒假在老师的要求下读书更加认真了。

放寒假了，儿子的脸上流露出难以掩饰的喜悦之情，我的心情也无比舒畅。牵着儿子的小手刚准备回家，儿子拉住了我，急切地说："妈妈，我们去书店吧，老师让我们假期多读书呢！"看着儿子认真的样子我愉快地答应了。按照老师推荐的书目找到了所有的书，可是他的目光仍在书架上搜寻着。"《十万个为什么》！我终于找到你了！"他一边从书架上拿书，一边欣喜若狂地欢呼着。"家里不是已经有两本了吗，怎么还买？"我带着几分不满。"你不懂！那些还不够！"儿子噘起了小嘴。我也没再阻止，因为我清楚，儿子选择的书都是他最感兴趣的。感兴趣，他才能全身心地投入到书的世界里去，他才能更好地吸收其中的知识。

说实在的，儿子现在已经能够独立阅读了，我也就只顾忙活自己的事情，不再和孩子一同感受读书的乐趣了。一次偶然的机会让我深深意识到：我应该向儿子学习，应该多读书，不然我就真的OUT了。

"游乐园的动物真多！"儿子一边叫喊着，一边迫不及待地跑到孔雀园的栅栏旁边。"快看，妈妈，孔雀开屏了！真漂亮！它这样是为了找到一个好老婆呢！"我原本还在努力地想这到底是雌孔雀还是雄孔雀，听完儿子的话我恍然大悟，禁不住说："儿子懂得真多！"我们继续往前走，马戏团正在表演节目。"这是一头雌狮子。"儿子不经意地说。"你怎么知道是一头雌狮子？"我疑惑地问。"你看它的头上如果有棕毛就是雄的，没有就是雌的，雄的一般比雌的大而且强壮，这只没有棕毛，当然就是雌狮子了，难道你不知道吗？"通过交流我才知道，这些都是儿子从课外书上学来的。我没有做好儿子的讲解员，相反儿子比我懂得更多。我不禁有点惭愧，但也从心底为儿子感到骄傲。

从那一刻起，我暗暗下定决心：我要向儿子学习，和儿子一起读书，一同感受书中的乐趣，与儿子一同快乐成长。

——祥钊的妈妈

2013年10月

第五辑

主题学习，让大阅读成为可能

学习母语，主要不是靠传授知识、揭示规律，而是靠尽可能多地接触语言材料，尽可能多地利用语文教育资源，在大量的、丰富多彩的语文实践中培养语感，逐渐感悟、习得，逐渐掌握运用语文的规律。

——全国小语会理事长崔峦

语文教育应该为学生留下些什么呢？于永正老师说，从小学到师范，受了12年的教育，读了24本语文书，大多数课文内容忘掉了，有的连课题都记不住，至于老师的分析、讲解，更忘得无影无踪了。我也经常思考我的老师在语文教育方面给我留下了什么，自己的语文素养是从哪儿来的。语文主题学习打破了"一本书教到底"的传统语文教学模式，拓宽了学生的阅读面，增加了学生的阅读量。实验要求在课内要用一半或三分之二的时间用于阅读"语文主题学习"丛书及整本的书，这就倒逼教师要精讲精练，让学生有大量的时间进行自由阅读。而且语文主题学习还要求教师开展大量与实验相关的活动，如演讲、朗诵、好书漂流等，使教师真正明白了语文教学其实是教"语文课程"，而不是教"语文课本"。这样教师就有了课程观念，从而使课堂的生态结构发生了根本改变，使教师的心中真正有了"学生第一"的观念，明白了课堂其实就是学生学习和生长的地方。

时间在这里呢

在语文教学过程中，很多教师反映教材学习时间紧张，没有时间读"语文主题学习"丛书，更没有时间读整本的书。现在以苏教版五年级下册第四单元为例，谈一谈我们是如何在整合教材的过程中找到更多的时间，让阅读得以落实的。

我们在教学中整合课程学习资源，采用单元整体推进教学法，既扎实进行课文"例子"的学习，又指导学生进行大量的语文阅读。苏教版五年级下册第四单元包括三篇课文和一次习作、一次练习。我们留给学生一节课的时间自由朗读课文，让学生用一晚上的时间自学生字词，或者用两晚上的时间进行预习，用一节课的时间进行字词过关和朗读过关。《秦兵马俑》《埃及金字塔》两篇课文结构相同，表达方法相似，用一课时学习。我们彻底删除语文教学中存在的无效教学环节，常规五六课时的教学只用两课时，节约了时间，但注重培养学生的阅读能力，提高学生课内阅读的数量和质量，给学生、教师留出足够的课内阅读时间，力争把"语文主题学习"丛书全部放到课内阅读。

一、课前自主预习，课堂提速增效

高年级学生已经具备自主学习的能力，教师让他们课前利用"单元预习指导"自主预习读四遍课文，每遍都提出不同的要求：

读第一遍：能够对照生字表正确朗读课文。

读第二遍：边读课文边画出文中出现的生字词；利用工具书给文中不理解的词语做批注；识记文中的生字词，把文中的生字词写规范。

读第三遍：边读边画出文中的好词句，随时写下自己的感悟，标出自己不理解的地方。

读第四遍：把课文读通顺，读流利，归纳课文大意，适当拓展积累。

单元预习指导清晰地引导全体学生自主预习，提高了学生的自学能力。教师用一课时的时间考核单元课文的朗读和生字词的识记、书写，注重写字指导和朗读训练，为"语文主题学习"的深入进行打下了良好的基础。

二、自读点拨结合，板块学习清晰

"教是为了不教"。精读课的教学"授之以渔"使学生"具有独立阅读的能力，学会运用多种阅读方法"。教师在课堂上要摒弃离开语言文字进行烦琐的内容分析的做法，要注重学生对文章的总体感受和文章精髓的把握，如《秦兵马俑》一课可以重点关注四个方面的问题。

1.关注文本特点

学习说明方法是说明文教学的重要任务。《秦兵马俑》的第二自然段中，"已发掘的三个俑坑，总面积达19120平方米，足有50多个篮球场那么大，坑内有兵马俑近8000个。在三个俑坑中，一号坑最大，东西长230米，南北宽62米，总面积有14260平方米。坑里的兵马俑也最多，共有6000个左右"。这里运用了列数字和做比较的方法说明秦兵马俑的规模宏大，教学中通过图片、录像等资料加深对"规模宏大"的理解，朗读时要再现这种"恢宏气势"，感受说明方法的精到。文中用举例子的方法写了"将军俑、武士俑、骑兵俑"等不同类型的兵马俑，教师可以让学生摆出各种造型，引导其他学生引用课文语言进行描述，达到语言、形象同步积累的目的。

2. 关注语言积累

文章对兵马俑的神态进行了细致的描述，语言很有特点，值得品味学习。比如，第十自然段用"有的……好像……有的……好像……"这样的语言形式，"有的……"是进行描写，"好像……"是进行想象，写出了兵马俑的不同形态以及由此联想到的内心世界。学生听老师范读，边听边想象兵马俑的惟妙惟肖，说说你的头脑中出现了一幅怎样的画面。然后学生自由朗读背诵。让学生读文字并进行想象，边读边想，这样既培养了学生的想象力，又积累了语言。

3. 关注表达特点

语文新课标中指出：高年级学生应该在阅读中揣摩文章的表达顺序，初步领悟文章基本的表达方法。首先教师要根据学生的认知特点（学生已多次接触过渡句），让学生自己从文本中找出"兵马俑不仅规模宏大，而且类型众多，个性鲜明"这个过渡句并体会它的作用，练习在《埃及金字塔》一课中找到这样的句子，实现知识的迁移。读完《秦兵马俑》一课，让学生看板书：

	总	分	总
	享誉世界	规模宏大	绝无仅有
		类型众多	
		个性鲜明	

回顾课文，对文章产生整体的印象，体会文章"总分总"的布局方法，学生的学习思路逐渐明晰。

4. 关注读写结合

《秦兵马俑》一课中，第十自然段的排比句特点鲜明。"仔细端详，它们神态各异：有的微微颔首，若有所思，好像在考虑如何相互配合，战胜敌手；有的眼如铜铃，神态庄重，好像在暗下决心，誓为秦国统一天下作殊死拼搏；有的紧握双拳，勇武干练，好像随时准备出征；有的凝视远方，好像在思念家乡的亲人……"引导学生关注文中的省略号，按照上面句子的形式想象兵马俑还有哪些神态，体味它们内心的所思所想，并依照文章句子进行仿写，读写结合，让学生在课堂中练习写话。练习中，学生精彩的语句跃然纸上："有的擎着利剑，满脸怒容，好像正与敌人短兵相接。""有的面带微笑，得意扬扬，好像刚刚得胜归来。"

三、总结学法拓展，激趣阅读延伸

教学中扎扎实实进行精读教学，学生掌握阅读方法以后，举一反三，自学相似的文章，自然达到事半功倍的效果。

通过精读《秦兵马俑》，学生学习了体会篇章结构、抓说明方法、仿写排比句等阅读方法，就可以在《埃及金字塔》（这两篇课文结构相同，都是"总分总"的结构方式；表达方式相同，都运用了列数字、举例子、打比方等说明方法）一课中进行阅读实践。学生运用习得的方法进行阅读，水到渠成。

学生自学后出示句子，体会加点部分的作用：

这座金字塔高146米，相当于40层高的摩天大厦。

这些石块磨得很平整，石块与石块之间砌合得很紧密，几千年过去了，这些石块的接缝处连锋利的刀片都插不进去。

学生明白了如何把事物写得更形象、更生动，是对学生自学效果的检测。

由于兵马俑和金字塔距离学生的生活较遥远，学完这两篇文章，学生一定还有很多问题要问。第三课时师生共读主题学习丛书《千载余韵》的"打开眼界"部分，阅读《兵马俑是如何烧制的》《走进埃及金字塔》《斯芬克斯狮身人面像》等文章正合学生的意。他们从中可以了解著名陶瓷专家叶宏明研究的兵马俑烧制假说、金字塔内部构造以及神秘的埃及狮身人面像。

这样设计整个单元的生字教学和阅读教学，利用课文这个"例子"，既关注到学生规范地书写汉字，又使学生学习了说明方法，积累了语言，进行了扎扎实实的仿写训练，使语文课回归到学生的语言文字训练上来。我们在整合教材中找到了更多的自主阅读时间，学生接触到更多的文本，在阅读实践中提高了语文素养。这样做学生不仅轻轻松松完成了"语文主题学习"丛书的阅读，还阅读了大量整本的经典书籍，真正喜欢上了语文课。

徜徉美丽的西子湖畔

【设计理念】

苏教版五年级下册第二十四课是《六月二十七日望湖楼醉书》与《晓出净慈寺送林子方》两首诗，目的是让学生通过阅读、对比、想象，感受六月的西湖在晴雨之时的奇特景象，体会诗人的情感和诗句的语言美。我以这两首诗为依托，结合语文主题学习丛书，选择若干与西湖相关的诗词、文章，组合为"徜徉美丽的西子湖"语文主题学习教材，先在课前两周下发给学生，让学生晨诵读古诗，暮读念散文、神话，然后利用一节课的时间，引领学生品读美文，感受西湖的美，潜移默化中学习诗词、散文的特点。

【设计内容】

第一部分"朦胧的诗意"。从春夏秋冬、阴晴云雨，不同季节、不同气候写西湖的诗歌诵读开篇，学习描写西湖的古诗词十首，饱览诗人眼中的西湖，从不同角度认识西湖，了解西湖。引导学生有感情地朗读诗歌，同时积累大量朗朗上口的诗歌素材。

第二部分"清丽的散文"。让学生先听有关西湖的优美散文配乐朗诵，在优美的旋律中体会散文之美，感受作者笔下的西湖是什么样子的；然后引导学生有感情地朗读，积累大量的散文素材。

第三部分"散落的珍珠"。这一部分是关于西湖山水的成语，通过各种方式的学习让学生会读会写，通过相关题目的训练，使学生能够灵活运用这些成语。

第四部分"美丽的传说"。收集中国源远流长、美丽动人的神话传说和故事，引导学生自主互助合作学习，快速阅读有关西湖的传说，谈一谈对西湖的整体印象。在情感受到美的熏陶的基础上，让学生阅读大量的文字，感受传说故事的大胆想象与美好意境。

【课前准备】

下发主题阅读材料，学生提前阅读。

【教学过程】

（一）激趣导入

"未能抛得杭州去，一半勾留是此湖"——西湖，是一首诗，一幅天然图画，一个美丽动人的故事，不论是多年居住在这里的人，还是匆匆而过的旅人，无不为这天下无双的美景所倾倒。今天就让我们跟随古今文人墨客踏上西湖之旅。

（二）朦胧的诗意之湖

阳春三月，莺飞草长。苏白两堤，桃柳夹岸。两边是水波潋滟，游船点点，远处是山色空蒙，青黛含翠。此时走在堤上，你会被眼前的景色所惊叹，甚至心醉神驰，怀疑自己是否进入了世外仙境。而西湖的美景不仅春天独有，还有夏日里接天莲碧的荷花，秋夜中浸透月光的三潭，冬雪后疏影横斜的红梅，更有那烟柳笼纱中的莺啼，细雨迷蒙中的楼台——无论你在何时来，都会领略到不同寻常的西湖风采。古代诗人从不同角度审视西湖的美，留下许多不朽的名篇。

1. 请同学们用自己喜欢的方式读一读这些诗，看看诗人是怎样写西湖的

投影出示古诗：

【唐】白居易的《西湖留别》和《钱塘湖春行》

【宋】苏轼《六月二十七日望湖楼醉书》和《饮湖上初晴后雨》

【宋】林升的《题临安邸》

【宋】杨万里的《晓出净慈寺送林子方》

【宋】孙锐的《平湖秋月》

【元】尹廷高的《雷峰夕照》

【明】董斯张的《夜泛西湖》

【清】田庶的《西湖柳枝词》

2. 投影出示题目

（1）说说你最喜欢哪一首诗，诗中描绘了怎样的西湖让你情有独钟？

（2）诗人（词人）借西湖抒发怎样的情感？结合具体诗句谈一谈。

3. 小组合作交流

在小组长的带领下组内成员边读边思考，然后将自己的理解与其他组员进行交流。

（1）学生小组内合作交流，教师巡视指导。

（2）"以思促读"，学生汇报自己的理解，并且朗诵有关西湖的诗词。

（3）学生赛读，背诵十首诗词中有关西湖的名句。

（设计意图：在教师的指导下，让学生自主合作交流，既可以激发学生学习的积极性，又可以让学生学习自己感兴趣的知识，减少课堂无效环节，节省课堂时间。同时通过谈理解和赛读，以"以思促读"的方式，提高学生朗读诗歌的能力，积累诗歌素材。）

（三）清丽的散文之湖

千百年来，不知有多少人被西湖那秀丽温馨的湖光山色所陶醉，萌生无限缱绻眷恋的情怀。当代文人也写了很多清丽的散文赞美西湖，让我们随着优美的音乐走进西湖。

1. 出示宗璞的《西湖的绿》配乐朗诵，学生欣赏

略。

2. 投影出示梅玉荣的《西湖的桥》，分组分段读不同的桥

（1）交流：宗璞笔下的西湖留给你怎样的印象？

（2）交流：西湖的哪座桥令你向往？为什么？

（3）指名配乐朗诵《西湖的桥》片段。

（设计意图："以思促读"为学生营造良好的氛围，让学生真正领悟文本的美，然后发自内心地想读，想记住。在此基础上，积累优美的散文素材。）

（四）珍珠般的西湖

1. 我们经常会见到一些关于西湖山水的成语，如珍珠般散落在生活语言中

投影出示成语：

一碧万顷、姹紫嫣红、婀娜多姿、如诗如画、山清水秀、百花齐放、波光粼粼、水天一色、红瘦绿肥、轻舟荡漾、相得益彰、流连忘返。

2. 成语运用练习

（1）自由读，拍手读，"开火车"读。

（2）补充成语练习。

婀娜（　　）、如（　）如（　）、（　）清（　）秀、（　）

（　）齐放、（　）（　）粼粼、（　）（　）一色、一碧（　　）、

姹（　）嫣（　）。

（3）请选择合适的成语填空。

① 西湖，就像镶嵌在天堂里的一颗明珠，那样的美丽动人，让我（　　）！

② 春回大地，走在西湖（　　）的白堤、苏堤上眺望着湖面，只见湖面上（　　），轻舟荡漾，三潭印月如宝石般嵌在湖面。

③ 在西湖，自然与人的创造融为一体，（　　），自然的美，伦理的美综合为美的极致。西湖之美，就在此啊！

④ 这时细雨霏霏，（　　）。船儿到了三潭印月，我们弃舟登岸赏美景。

⑤ 十里长堤上，鲜花盛开，（　　），游人纷纷驻足观赏。

（设计意图：通过各种方式，让学生在最短的时间内记住成语，并且能够灵活运用。）

（五）传说中的西湖

西湖不但独擅山水秀丽之美，林壑幽深之胜，而且还有引人入胜的神话传说为之增色，让我们一起倾听那一个个美丽动人的传说吧。下发阅读材料《许仙和白娘子》《明珠西湖》《柳浪和莺姑娘》《断桥》。

1. 快速浏览神话故事

略。

2. 与同桌交流你最感动的故事

略。

（设计意图：进行快速阅读的训练，让学生在最短的时间内阅读更多的文本，掌握大体内容，为选择精读材料做准备。）

【教后记】

阅读怎样教？事实证明，靠课堂上我们对课文"支离破碎"的分析讲解是办不到的，一个学期二十几篇课文，我们手里攥着所谓的"预设问题"走近学生，绕来绕去，最终还是回到"标准答案"上去，"分析"得越透彻，学生对阅读的兴趣就会越薄弱甚至是厌烦。

语文主题教学的课堂设计解决了只教"教材"的问题，大量新鲜的阅读材料的引入，让课堂鲜活起来，读诗、读散文、背成语、读神话故事，学生在生动而有趣的言语实践活动中感悟到了美丽的西湖，也感悟到了"西湖"之主题所包蕴的语言之美。"取法乎上，得乎其中；取法乎中，得乎其下"，学生在这种高品位阅读中收获了阅读的快乐，感受到了语言的魅力。

让我们一起用高品位的阅读材料吸引学生，带动学生的阅读，做开启学生阅读之门、点亮心灵之灯的人吧。

美丽的诗词神话

——人教版小学语文三年级下册第八单元教学设计

【单元教材解读】

第八单元围绕着"美丽的诗词神话"这一主题进行编排。本组课文有《古诗两首》、民间传说《西门豹》、神话故事《女娲补天》《夸父追日》，四篇课文以不同的体裁从不同的侧面展示了我国古代人民神奇的想象力。本单元除了识字写字，培养学生的朗读能力，使学生受到情感熏陶、思维训练外，还要激发学生由课内到课外，主动阅读更多的神话传说故事，拓宽视野，感受民间故事与神话传说的魅力。

【教学设计思路】

在教学时，要酌情给学生提示一点民间故事和神话传说的知识，特别是对神话传说，要让学生明白它们并非现实生活的科学反映，而是过去人们不能科学解释世界和自然现象，以他们贫乏的生活经验为基础，借助想象和幻想把自然世界拟人化的结果。对于神话传说离奇的情节、神奇的人物这两个基本特点通过阅读体会感悟。

三年级的学生基本形成了良好的学习习惯，能借助字典识记生字，能联系上下文理解词义，具备了一定的自学能力和独立阅读能力，能够初步把握文章的主要内容，体会文章表达的思想感情。根据中年级学生的年龄特点和知识水平，授课时，引导学生通过抓住重点词句理解课文，学习课文怎样通过人物语言来突出人物特点，品味神话故事的神奇。围绕这三个方面，上好预习达标、精读引领、自读提高、拓展阅读、积累练习等五个模块的教学。

预习达标模块根据本单元阅读内容与要求设计预习卡，让学生进行自主预习，然后进行课内达标，主要解决字词及课文的阅读问题；精读引领模块"以例悟法"，引导学生抓住重点字词句理解课文内容的学习方法，感受神话表现的神奇力量；自读提高模块"依法自学"，在运用、巩固方法的同时，积累语言，体会神话的特点；拓展阅读模块重在课内外融合，体现大量阅读，使学生实现从量的积累到质的飞跃；积累练习模块主要以课本的习作与口语交际内容为主，辅以单元的日积月累练习与语文实践活动的展示等。五个模块有机组合，课堂教学快乐高效。

【学习目标】

（1）通过朗读、讨论和复述课文等多种方式，感受古人丰富的想象。

（2）认识16个生字，会写35个生字，能读、记文中词语。

（3）学习阅读其他民间故事和神话传说，增强对祖国优秀文化的热爱之情。

（4）提高以讲故事为主的口语交际能力。

【教学过程】

模块一：单元整体预习达标

（一）导入

在夏夜的星空下，在冬日的炉火旁，我们也许听过爷爷奶奶讲那些古老的故事，这些故事常常引起我们美好的遐想。在本组课文里，我们还会读到一些生动有趣、想象神奇的神话故事和民间传说，从中我们可以感受到古人的想象是多么丰富。本单元我们要学习的四篇神话传说分别是《古诗两首》《西门豹》《女娲补天》《夸父追日》。

（设计意图：让学生知晓本单元的主要内容，简单了解神话传说，导入本课的讲解。）

（二）字词关

（1）检查学生的字词掌握情况。

（2）请学生自读词语，不会的可以查课本或问同学。

（3）小组内检查词语朗读。

（4）指名领读字词，在朗读词语时注意声音干脆、响亮。

（5）分小组抽题进行词语的朗读过关。

（设计意图：复习巩固本单元词语，采用抽题过关的方式让学生乐于参与，加深对字词的记忆。）

（三）朗读关

（1）扫清了字词障碍后再来听听学生的朗读。

（2）出示朗读要求：

① 小组内检查朗读《西门豹》第十三、十四自然段，《女娲补天》第三自然段，《夸父追日》第二、三自然段。

②把句子读正确、通顺、流利。

（3）小组内检查朗读。

（4）抽号检查朗读并随机评价。

（设计意图：朗读的检查要尽量做到全面。小组自查让每个学生都有展示的机会，便于组长掌握本组情况。抽号检查有利于对全班学生的情况进行把握。）

（四）写一写

（1）学生书写本单元字词。

（2）针对书写问题进行指导。

（3）再次练习难写的生字。

（设计意图：由学情出发让学生自主识字、写字，教师对重点字词进行讲解，加深学生记忆。）

（五）作业

（1）正确、流利地朗读本单元课文。

（2）收集中国神话故事，并选择喜欢的讲给家长或小伙伴听。

（设计意图：让每个孩子都能扎实地掌握字词，熟练朗读。调动学生对神话故事阅读的积极性，增加阅读量。）

模块二：精读引领，学法指导

（一）徜徉诗词——教学《古诗两首》，诵读"诗词与神话"单元

中国古代文化源远流长，神话故事和民间传说亦如此，许多诗人更是用诗歌来描绘它们，赞美它们。

1.品读《乞巧》

（1）通过你们的合作学习，我相信你们对这首古诗有了一个大概的了解，请同学们自由读诗歌第一行和第二行，说说你读懂了什么。

（2）指名讲解查阅的资料，理解《乞巧》的诗意。学生讲解织女的故事、七夕节的来历，结合课后的资料袋，理解"乞巧"的意思。

（3）假如渡过河桥的织女的两个孩子想请你把人间姑娘们乞巧的情景画一幅画送给他们，你会画上一些什么呢？，学生自由说，体会"家家""穿尽""几万条""望秋月"。

（4）朗读诗文，背诵诗句。

（设计意图：了解背景资料，有利于学生对诗意的理解。创设情境，让学生走进古诗中，充分体会诗意，做到有感情地朗读。）

2.品读《嫦娥》

（1）自读《嫦娥》，借助注释边读边想象，和同桌交流：你仿佛从诗中看到些什么？你看到的景象或诗中人物是什么样子的？

（2）交流：嫦娥在月宫里过得好不好？你是从哪一诗句体会到的？

（3）回读诗文：人间的生活多么快乐，多么自由啊！而嫦娥为什么会失去这些曾经拥有过的美好生活呢？再读读诗句，诗中的哪些词让你体会到嫦娥此时的心情？

（4）漫漫长夜，寂寞难耐，思念亲人，思念人间，怎奈已吃药成仙。嫦娥再也无法回到充满温暖、充满爱的人间了，她怎能不"碧海青天夜夜心"啊！我们再回过头来想一想，作者为什么要写《嫦娥》这一首诗呢？诗中又寄托了作者怎样的心情呢？

（5）介绍诗人的创作背景。在这首诗里，诗人和嫦娥的心是相通的，正所谓"心心相通，同病相怜"，让我们带着对嫦娥、对诗人情感的理解，再深情地朗诵这首诗。

（设计意图：了解古诗背景，在理解诗意时展开联想和想象，充分感受古诗表达的感情，体会诗人的思想。）

3. **活动引领，拓展积累**

（1）在课外背诵诗句的基础上，以小组为单位开展活动：读诗、背诗、连诗、编诗。

你还知道哪些描写神话故事的古诗？请同学们读一读主题丛书《诗词与神话》单元中的古诗，相互交流，课外积累。

（设计意图：加深学生对有关神话传说的古诗文的了解和学习，扩大学生的阅读量和日常积累。）

（2）将小组背诵和编写的诗句编入小组诗文集，并为自己最欣赏的一首诗配上画。

（设计意图：自己的作品既是最好的成果展示，又让学生在自己的学习成果中收获成功和喜悦。）

（二）品读智慧人物——教学《西门豹》，阅读《除三害》和《高山流水觅知音》

1. **复习引入**

通过预习，我们知道了本文的主要内容，文章写了西门豹被派去治灾，他弄清了原因，除害、开渠。下面，我们来仔细阅读课文，从西门豹的言行看看他是怎样的人。

2. **阅读课文，从西门豹的言行，了解西门豹的品质**

（1）自读并标画出西门豹说的话及行动，想想表现了他什么品质。（给一定的读书时间）

（2）出示阅读提示，学生自读：

①默读这部分，边读边标画西门豹的表现。

②自己读一读，想想句中之意、话外之音。

③同桌说一说体会（认识）到了什么。

④再次读一读，表达出自己的理解。

（3）你觉得西门豹是个怎样的人？（随机板书：聪明、爱民）

（4）集体交流。

①投影出示：

他回过头来对巫婆说："不行，这个姑娘不漂亮，河伯不会满意的。麻烦你去跟河伯说一声，说我要另外选个漂亮的，过几天就送去。"说完，他叫卫士抱起巫婆，把她投进了漳河。

a."不行，这个姑娘不漂亮。"西门豹为什么这么说？（救新娘）

b.西门豹相信有河伯吗？（找借口）

c."麻烦你"是什么意思？（很客气，惩恶人）

引导理解说话客气、做法强硬，使巫婆无法拒绝，也无法反抗。你觉得西门豹怎么样？这样一来，就顺势把巫婆投河淹死了。这就叫……（将计就计）

②指名读西门豹的表现，谈理解（客气中的强硬）。

等了一会儿，西门豹对官绅的头子说："巫婆怎么还不回来，麻烦你去催一催吧。"说完，也叫卫士把那个人投进了漳河。

西门豹面对着漳河站了很久。那些官员都提心吊胆，连气也不敢出。他们在想……这时，西门豹（显得不耐烦了）说："怎么还不回来，请你们去催催吧！"这些官绅一个个吓得面如土色，跪下来磕头求饶，把头都磕破了，直淌血。

③连续阅读10—12自然段，想象一下当时的情景。

（5）读写结合。漳河边上这些老百姓，有男的、女的，老的、少的；有刚刚被救的女孩一家人，也有女儿已经被害的百姓。此时他们心里在想些什么？

（6）总结全文，提升认识。

故事读完了，你喜欢西门豹吗？佩服西门豹吗？

说到这里，我想起了我国古代伟大的思想家、教育家孔子，他说："知

（智）、仁、勇三者，天下之达德也……"意思是具备这三方面品质的人，才是真正的人才。西门豹正是有对百姓的仁爱之心，有向迷信、恶势力的挑战之勇，更有行动之智，（板书）因此他的故事被写进《史记》，流芳千古。

3. 拓展阅读

（1）请同学们阅读《除三害》，思考：文中写周处除掉猛虎和恶龙，为什么以"除三害"为题？

（2）请同学们阅读丛书179页《高山流水觅知音》，标画出俞伯牙与钟子期的对话，体会他们的相知之情。

4. 作业

（1）选一个你最感兴趣的故事讲给爸爸妈妈听。

（2）读主题丛书中的《杜康造酒》《百鸟朝凤》两个故事。

（设计意图：这一课的学习主要是通过朗读让人物形象鲜明起来，一是加深人物印象，再就是在朗读中积累语言。能够通过课文语言理解内容是语文能力，能够用朗读表现人物形象也是语文能力，朗读表现力与语言理解力是相互提升的。因此，教学中应该加强学生的朗读训练。）

（三）感受神话魅力——阅读《女娲补天》《夸父追日》和丛书中的《八仙过海》

1. 导入新课

大家很喜欢听故事。好听的故事会带我们认识一个个生动的形象。我们在以前的阅读中认识了《西游记》中神通广大的孙悟空，《哪吒闹海》中机智勇敢的哪吒，《嫦娥奔月》中美丽善良的嫦娥……今天我们通过一个神话故事《女娲补天》（板书课题），来认识一位美丽的女神——女娲。（出示图片，齐读课题）

2. 整体感知，质疑问难

（1）把握主要内容。同学们已经预习过课文，请思考：课文讲了一件什么事？请快速浏览课文，完成下面的填空。

女娲看到（   ）塌（   ）裂，人们遭受苦难，就冒着生命危险，找

（　　）补（　　），终于（　　）了。

（2）你知道了课文的主要内容，还有哪些不明白的问题？

阅读时提出有价值的问题的一个重要方法是从课题入手。从这一课的课题"女娲补天"就可以梳理出主要问题：女娲为什么补天？是怎样补天的？

3. 抓住"补"字，品味语言

（1）"补"是什么意思？"天破了"是一种什么样的情景？找一找课文中的描述读一读。

从这些句子中，你体会到了什么？你从哪些词语里体会到了"可怕"？请你在文中标画出来。只有关注了这些关键词语，才能把课文读好。（练读、指名读）

我们一起用回声读的方法来体会，老师读前半句，你们接读后边的句子，要抓住重点词句去品味，读出语言的味道。

谁能用自己的话说说当时可怕的场面？（抓住主要词语讲事情的经过，这就是复述。）

（2）天破了，女娲做了哪几件事情？（板书：求、造、找、补）

（3）哪件事情让你最感动？为什么？（学生可能都会从找石、补天两方面谈。）

我们重点看看女娲是怎样找石补天的。

（4）出示描写"找石"和"补天"的自然段。指名读，边读边做相应的动作。课件圈画重点词句。

①你觉得"找石"这一段中的关键词语有哪些？从中你体会到了什么？（板书：不怕危险）

②请你读一读女娲补天的段落，标画出写女娲动作的词语，边读边做动作，你体会到了什么？做动作，并讲一讲补天的过程。你从这些语句中感受到女娲是怎样一位神？（板书：甘于奉献）

（5）"这一泼就补好了天。"你们读得这么轻松，说明了女娲有什么本领？（神奇）那你们能读出神奇吗？通过小组比赛读、男女比赛读，学生读得一次比一次神奇。

4. 学法迁移，拓展阅读《夸父追日》

神话故事就是这样神奇地表达了人们的美好愿望。请大家读读《夸父追日》里的这三个段落，再说说你体会到夸父是一位怎样的神。

于是夸父拿着手杖，提起长腿，迈开大步，像风似的奔跑，向着西斜的太阳追去，一眨眼就跑了两千里。

夸父伏下身子，去喝黄河、渭河里的水。咕嘟咕嘟，霎时间两条大河都给他喝干了，可是还没止住口渴。

第二天早晨，当太阳从东方升起，金光普照大地的时候，昨天倒在原野的夸父，已经变成了一座大山。山的南面，有一大片枝叶茂密、鲜果累累的桃林，那是夸父的手杖变的。

夸父这种勇于追求光明的精神永远激励着我们。

5. 自主阅读，感受神话的神奇

请大家读一读丛书142页的《八仙过海》这篇文章，找出描写人物神奇的句子，体会神话的特点。

6. 家庭作业

（1）请同学们读读丛书中的"中国神话"单元，感受神话的神奇。

（2）请你用抓住重点词句的方法，发挥自己的想象，任选今天学过的一个故事讲给家长听。

（设计意图：神话故事主题的把握，要在了解所写事件的基础上，认真品读精彩章节，从人物描写方法分析入手，挖掘作者所要表达的思想感情。这个板块的学习以教师引导、学生自读为主，了解课文内容，学习复述的方法，感受神话的神奇，积累语言。）

模块三：自读提高，积累语言

运用学习课文的方法，自主阅读主题学习丛书中的优秀民间传说和神话故事，从这些文章中感受传统文化的魅力，汲取智慧。

（设计意图：在学生掌握了抓关键词品味语言的方法基础上，让学生通过大量的阅读实践，感受神话的魅力，开阔学生的视野。此时，任何语言都是多余的，学生沉浸在生动的故事中。）

模块四：拓展阅读，交流提高

（一）交流感受，畅谈收获

你阅读的故事中，哪些文章给你留下的印象最深刻？以你最喜欢的一篇为例，说说喜欢的理由。

（二）诵读评析，善于积累

学生将自己最喜欢的内容读给大家听，试着背诵，积累优美的片段。

（三）总结评价，推荐读整本的书

我们读过一些民间故事和神话传说，感受到古人丰富而神奇的想象，推荐大家读一读青少版的《西游记》，感受作者想象的大胆神奇。

（设计意图：交流收获可以从学习内容、语言积累、学习方法、学习经验等方面进行。交流是学生对整个单元学习的反思和成果整理。读书推荐是带领学生走向更远，也是语文学习的又一次扩展。）

模块五：积累练习，学以致用

（一）教学"口语交际"

（1）教师引入。这个单元，我们学习了《西门豹》《女娲补天》《夸父追日》几篇神话传说故事，体会到神话传说故事的神奇，优美生动的情节。你还知道或读过哪些神话传说故事？今天，我们开展一个故事会，自己选一个故事给大家讲一讲。

（2）分小组互相介绍：每人介绍一个，讲故事要有一定的顺序，把故事内容讲清楚，听讲的同学要认真。

（3）小组评议：谁的故事最吸引人，讲得清楚、有条理，情节生动、有趣？

（4）评出小组中的"故事大王"。帮助同学修改故事，使他讲得更生动。

（5）全班交流，评出班级的"故事大王"。对积极发言、口语交际有进步的学生加以鼓励。

（6）教师总结：神话传说故事是我国文化的一部分，它表达了古代劳动人民的美好愿望。课后我们可以再选一些故事读一读。

（二）教学"习作"

1. 教师谈话

上一节课，同学们互相介绍了自己了解到的神话传说故事，被神奇的故事所吸引，如果你是神话传说故事中的一个人物，你想变成谁？这节课，就给你一次"变"的机会，展开想象的翅膀，围绕"假如我会变"，编一个故事。

2. 明确习作要求

（1）引导学生说说想象应从哪些方面去想，想些什么。

（2）教师补充：

① 想象要大胆，可以异想天开。

② 想象可以不拘形式，可以是古今中外的，也可以是未来的，还可以是自己设想的。

例如：你可以变成纳米医生到人体内旅行；可以变成神鸟守卫美丽的大森林；可以变成火星居民离开受污染的地球，并加倍珍惜火星清洁、美丽的环境等。

（3）习作方法指导：

① 以《女娲补天》为例，讲清习作的方法。

② 叙述故事时要有一定的顺序。

③ 故事中要有人物的真情实感。

④ 叙述故事要具体，特别是个别情节要写清楚。

⑤ 表达的方式可以多样化，想怎么写就怎么写。

（4）小组内交流自己最想变成谁，想象自己将会具有怎样的本领。

（5）学生自己习作，教师巡视指导。

（6）学生交流习作：选出写得好的习作，说说好在哪里，全班交流。

（7）教师选出有特色的习作进行讲评。

（8）学生根据自己的习作修改，同桌互改，提出修改意见。

（9）誊抄作文。

（设计意图：习作是学生语文学习水平的集中体现。根据本单元学习获得的经验写出人物是学生把自己的体验付诸实践的过程。学生读过大量的故事后，写这样一篇想象作文水到渠成。习作后重视学生的自我评价和相互评价，教师用评价引领方向。）

（三）教学"我的发现"

（1）学生自由读词语。

（2）教师指名读词语，注意正音。

（3）结合词义，说出带点词的意思。

（4）思考：你发现了什么？带点的字有部分部首与偏旁相同，但字与字读音不同，意思完全不同。

（5）学生举例说说自己的理解。如，"归"与"旧""狠"与"狼"。

（6）小结：注意区分形近字，正确书写。

（四）教学"日积月累"

（1）学生读"读读写写""读读背背"。

（2）交流：成语有什么特点？

第一横排是数字式成语，第二横排是ABAC式成语，第三横排是AABB式成语，第四横排是反义词形式的成语。

（3）你在课外还能收集到这几种形式的成语吗？试一试。

（4）读一读，记一记。

"读读背背"：

（1）读一读，你发现这些词和我们学过的词形式上有什么区别？

教师讲解：这种形式叫歇后语，一般由两部分组成，前一部分是比喻，后一部分是解释，也就是全句意思的所在。

（2）学生结合前一部分的故事，理解后一部分的比喻。

（3）读一读歇后语，你还发现本次出现的歇后语前一部分有什么特点吗？

教师：前一部分全是历史故事或神话故事。

（4）找一找哪些是历史故事，哪些是神话故事。

（5）课外收集歇后语。

（五）教学"成语故事"

（1）教师引入：上学期我们学习了一些成语故事，今天我们还要学习一个有趣的成语故事。

（2）学生自由朗读故事。

（3）引导学生借助字典等工具书自学成语，理解喻义。

（4）结合自己的生活实际，举例说说自己对这个成语的理解和运用。

（5）作业：抄写、背诵"日积月累"。

（学生通过一个单元的学习，既提高了自己的阅读能力，又进行了大量的阅读实践。这时候，教师进行必要的理性指导，对学生语文知识的学习也是必不可少的。此时，语文园地中的各种语文知识的学习、语言的积累对学生来说是非常及时的。）

《普罗米修斯》教学设计

【教材分析】

人教版四年级下册第八单元围绕着"生动有趣的故事"这一主题编排，有《寓言两则》、民间故事《文成公主进藏》、神话故事《普罗米修斯》和《渔夫的故事》四篇课文，以不同的体裁从不同的侧面来展示正义和智慧的无穷力量。本单元教学就以四篇课文做例子，引导学生多读、多讲、多感悟，体会文章的情感，学习简要概括文章的主要内容，练习讲故事。同时，以课文为出发点，把学生的目光引到课外阅读中去，引导学生主动阅读更多的神话、传奇故事，拓宽视野，感受故事的魅力。

本课教学就是以《普罗米修斯》为例，练习抓主要人物和事件概括故事内容的方法，展开想象，创造性地复述故事；阅读《潘多拉的匣子》，进行阅读实践；引领学生读《雨神恰克》《印度王宫的大米》，继续练习讲故事。

【学习目标】

（1）学习利用人物、事件概括主要内容的方法。

（2）认识神话的特点，抓住重点语段体会神话的神奇。

（3）学习大胆想象，创造性地复述课文。记住普罗米修斯这个故事，构建"为人类造福，誓死不变"的英雄形象。

（4）拓展阅读，进行语言实践。

【教学重点】

体会神话故事神奇的特点，学习创造性地复述。

【教学过程】

（一）导入新课，引出人物

（出示：嫦娥奔月、哪吒闹海、女娲补天……）

这些故事里有神奇的情节，也有英雄般的人物，说说他们是谁？

今天我们学习《普罗米修斯》。请大家齐读课题。这篇文章里也有英雄般的人物，是谁呢？（板书：普罗米修斯、赫拉克勒斯）

是的，这两个都是英雄一般的神。但神话故事中不仅有英雄一般的神，还有其他人物，譬如反面人物，是谁？（板书：宙斯）

文中还有哪些神？（板书：太阳神阿波罗、火神）

请同学们读一读这些神的名字。

（设计意图：神话故事折射出历代民众惩恶扬善的美好愿望，英雄人物成为人们的精神寄托。导入新课时，教师从认识英雄人物及反面人物入手，开始神话阅读的精神之旅，为感受普罗米修斯不屈不挠的英雄精神做铺垫。）

（二）概括文章主要内容

通过预习，你知道这些神都做了什么事情吗？

（板书：　　普罗米修斯　　　　看到悲惨情景　　　　　　取火

宙斯　　　　　　　得知取走火种　　　　　　惩罚

赫拉克勒斯　　　　看到英雄被锁　　　　　　解救）

看板书说一说这篇文章写了一件什么事。把主要人物做的事情串联起来。

神话故事就是口耳相传，一传十，十传百，千百年来在老百姓中间流传开来。可是你喜欢听这样用人物和事件简单串联起来的故事吗？因为不生动，所以不喜欢。还是让我们走进课文。

（设计意图：神话故事一般篇幅都比较长，人物众多，事件错综复杂。引导学生梳理出故事中的人物、事件，概括课文的主要内容。这种教学引导学生打开了一种新的梳理文章思路的角度。）

（三）重点阅读指导

1.取火部分

（1）指名读通一、二段。

（2）古希腊神话中，普罗米修斯创造了人类，不仅给了人类生命，而且给了人类灵性，教会人类各种本领。人类就是他的孩子，他怎么会不热爱人类呢？

（3）让我们男女同学对比读一读这两个截然相反的画面吧。理解"驱寒取暖"（出示对比的两个自然段）。

（设计意图：学生在对比读中感受普罗米修斯为人类造福的形象，理解盗取火种给人类带来的幸福。）

2.惩罚部分

（1）指名读第三段。

（2）普罗米修斯为人类取火，却为自己惹了麻烦。不过一个小小的火种，宙斯为什么生气呀？

（3）请同学们读一读"人神聚会"故事（出示"人神聚会"的故事，指名读）。

在这种情况下普罗米修斯悄悄地拿取了火种，所以宙斯气急败坏。

理解"气急败坏"这个词。

（4）指名读四、五段。普罗米修斯怎样回答火神的劝说？（出示普罗米修斯说的话）请你关注提示语，觉得这句话该用怎样的语气朗读？

你从哪些词里感受到这种坚定？（"决不会……更不会……"）读文章不仅仅要关注文字，还有标点符号也是无声的语言。你关注到哪个标点？（？！）劝说无效，普罗米修斯不屈服。请再次朗读出不屈服的语气。

（5）默读六、七自然段。标画出狠心的宙斯惩罚普罗米修斯的句子，把你的感悟写在旁边。

（6）（出示普罗米修斯受惩罚的段落）请同学们读读这两段话，哪个字深深刺痛了你？（生回答，师板书：锁、啄）

（7）看"锁"字。这是怎样的锁？（死死地）死到什么程度？（"他既不能动弹，也不能睡觉，日夜遭受着风吹雨淋的痛苦。"）

（8）你能从这个"死死地锁"中体会到普罗米修斯所承受的痛苦吗？

展开想象：

他既不能＿＿＿＿＿＿也不能＿＿＿＿＿＿，日夜遭受着的痛苦。

他既不能＿＿＿＿＿＿也不能＿＿＿＿＿＿，日日夜夜遭受着的痛苦。

他既不能＿＿＿＿＿＿也不能＿＿＿＿＿＿，年年岁岁遭受着的痛苦。

（9）反复读重点句子。

无论白天黑夜，他都——读锁的两句。（出示句子，读）

冬天，高加索山上狂风怒吼——读锁的两句。（出示句子，读）

夏天，电闪雷鸣——再读锁的两句。（出示句子，读）

（10）面对宙斯的酷刑他说了些什么呢？能锁住普罗米修斯的身体，却锁不住他对人类神圣的爱。

（出示："为人类造福，有什么错？我可以忍受各种痛苦，但决不会承认错误，更不会归还火种！"）

（11）再来看"啄"字。怎么啄？啄食哪儿？（出示啄食的句子）

从这种啄食中，你体会到普罗米修斯承受的是一种什么样的痛？

（12）这样的痛苦不是一次两次，一天两天，也不是一个月两个月，甚至不是一年两年。

请同学们与我合作，重复读这一段。你体会到什么？（出示啄食肝脏的段落）

（13）面对着这样无穷无尽的痛苦，普罗米修斯屈服了吗？他还会说——

（出示："为人类造福，有什么错？我可以忍受各种痛苦，但决不会承认错误，更不会归还火种！"）

（14）你觉得常人能忍受吗？这就是神话的神奇之处。读着这样的文字，想象着普罗米修斯受难的情景，感受着他所承受的无尽的痛苦，你想对普罗米修斯说些什么？（体会普罗米修斯坚强、善良、不屈服的品质）

（设计意图：逐段朗读课文，通过多种形式的读，将课文中的语言内化为自己的语言。普罗米修斯接受惩罚部分，引导学生展开想象，创设一个创造性讲述的言语实践活动，让他们明白创造性的复述可以丰富故事细节，这是阅读神话小说的一个生长点。）

3. 解救部分

（1）读最后一个自然段。

（2）许多年过去了，又一位英勇的战神出现了，赫拉克勒斯看到普罗米修斯被锁，解救了普罗米修斯。你有什么想法？（神奇）这就是神话的魅力。

（设计意图：再次感受神话神奇的特点。）

4. 课堂小结

（1）复述故事。

课文学完了，你再讲这个故事会不会还是干巴巴的呢？请你用上刚才我们一起想象的句子，把普罗米修斯受惩罚的部分讲给同桌听。

抓住主要人物，讲清事情的经过，加上自己的合理想象讲故事，这就是创造性地复述。请一名同学试着讲一讲这一段。

（设计意图：同桌互相复述故事，人人有实践的机会。结合阅读中的想象进行创造性的复述，成为本节课的亮点。）

（2）拓展阅读。

① 宙斯会善罢甘休吗？请同学们读一读主题丛书106页的《潘多拉的匣子》。

② 快速默读文章，看看文中主要写了哪几个神？他们都遇到什么情况，做了什么事情？（课件先出示神，再出示事件）

宙斯	余怒未消，报复人类
赫淮斯托斯	制造潘多拉和匣子
赫尔墨斯	送潘多拉到人间
厄比墨透斯	娶潘多拉为妻
潘多拉	打开匣子，灾害充斥但希望永驻

③ 再读课文，看看你对哪一部分感兴趣，准备一下讲给大家听。

④ 神话故事就是这样口耳相传，一代又一代。今天我们学习了抓住主要

人物和事件讲故事，让我们也讲给家人听一听。读一读主题丛书中的《雨神恰克》《印度王宫的大米》，也讲给家长和小伙伴听一听。

（设计意图：《潘多拉的匣子》在情节上与本课有关联，在学习方法上相通，选择这篇文章拓展阅读，学生正好把自己的所学进行实践，会有更多的收获。推荐阅读的故事情节生动，非常适合讲给别人听。将学生由课内引向课外，做到课内学习与课外延伸相结合。）

【板书设计】

普罗米修斯

普罗米修斯	看到悲惨情景	取火
宙斯	得知取走火种	惩罚（锁、啄）
赫拉克勒斯	看到英雄被锁	解救

《富饶的西沙群岛》教学设计

【学习目标】

（1）正确、流利、有感情地朗读课文，背诵喜欢的段落。

（2）了解"总分"的构段方式，学习"借助关键语句理解一段话的意思"以及"围绕一个意思写"的写作方法。

（3）阅读《美丽的南沙群岛》，实践阅读方法，巩固学习的写作方法。

【教学重点】

学习作者的写作方法，积累优美语句。

【教学过程】

（一）导入新课

我们前面徜徉在诗词中，领略了诗人眼中的钱塘江秋潮、西湖的苏公堤、烟波浩渺的太湖。今天，让我们走进祖国的南大门"富饶的西沙群岛"。

（二）把握课文的主要内容

1. 概括课文主要内容

请同学们默读课文并思考：课文主要写了什么？你是怎么思考的？（抓住课文中的中心句子，就抓住了课文的主要内容。我们学过通过段意连接法概括主要内容，今天这种方法叫：重点句子概括法。）

2. 认识首尾照应

（出示第一自然段和最后一个自然段）读后说说你发现了什么。

第一自然段写西沙群岛的地理位置和它是一个风景优美、物产丰富的地方，是这篇文章的总起句。第七自然段写西沙群岛必将变得更加美丽、富饶，是这篇文章的总结句。这样的写法叫"首尾照应"法。

（三）阅读理解学写法

课文从哪些方面写了西沙群岛的美丽富饶呢？请同学们读读课文，把你最喜欢的句子画出来，多读几遍。

1. 海面

理解重点词语"瑰丽"，读出海面的美丽。看图片，背诵第二自然段。

2. 海底

海底有很多珊瑚、海参、大龙虾。指导读好写大龙虾威武的句子。

海底的鱼多。课文是怎样写鱼多的？先总述鱼"成群结队"，再分别叙述各种鱼的样子，最后总述"各种各样的鱼多得数不清"。写鱼的样子时写了鱼的颜色、样子、游动时的动态，运用了比喻，把鱼的样子写得生动具体。文中写道："西沙群岛的海里一半是水，一半是鱼。"是什么意思？这是什么写法？

请用朗读表达出鱼多。请看图片，按课文填空。

通过多种形式的朗读，达到熟读成诵。

3. 海滩

贝壳和海龟。

4. 海岛

鸟多。围绕第一句话，写了树多、鸟蛋多、鸟粪多，突出鸟多。

课文围绕"那里风景优美、物产丰富，是个可爱的地方"这句话写了海面、海底、海滩、海岛等方面的内容，这是按照地点转换的顺序来写的，文中运用比喻、夸张、排比等方法把海底的鱼写得生动具体，我们也要学写这样的方法。

（四）读主题学习丛书《美丽的南沙群岛》

1. 自主阅读

要求：阅读《美丽的南沙群岛》，边读边画并思考以下问题。

（1）这篇文章主要写了什么？

（2）请把第二、三自然段多读几遍，把中心句画出来。

2.学写法

美丽的南沙群岛给我们留下了难忘的印象。作者为什么能写得如此生动，使我们难忘呢？

请同学们默读课文，思考问题：

（1）作者是抓住南沙群岛的什么特点来写的？

（2）第二、三自然段作者是用什么方式来构段的？

3.总结

（1）作者抓住了南沙群岛物产丰富、景色迷人来写。

（2）第二、三自然段按照总分的方式构段。

（四）拓展阅读

作业：

（1）读《美丽的鄱阳湖》《宝岛台湾》《冰雪北海》等三篇文章，把好词佳句多读几遍。

（2）试着以"今天的课堂真有趣……"为开头，和爸爸妈妈说说今天的这节课。

《蜘蛛开店》教学设计

【教材分析】

《蜘蛛开店》是部编版二年级下册第七单元的第二篇课文。这是一篇有趣的童话故事，讲述的是一只蜘蛛因为寂寞、无聊决定开一家商店。它卖口罩，来了一只河马，结果织口罩用了一整天；它卖围巾，来了一只长颈鹿，结果织围巾足足忙了一个星期；它卖袜子，来了一只有四十二只脚的蜈蚣，它吓得匆忙跑回网上。

【学情分析】

二年级的学生经过一年多的学习后，在识字量、自学能力和讨论思考等方面已经有了一定的基础，而且他们喜欢听故事、讲故事。本课内容生动，故事性强，自然容易激发学生的学习欲望。

【学习目标】

（1）认识"店、蹲"等15个生字，会写"飞虫、决定"等8个词语。

（2）朗读课文，能够根据示意图讲故事。

（3）根据课文内容展开想象，续编故事。

（4）会自己读明白一个故事，并且初步认识示意图的作用。

【教学重点】

（1）能够根据示意图讲故事。

（2）展开想象，续编故事。

【教学过程】

（一）创设情境，激趣导入

同学们，你们喜欢听故事吗？今天老师给大家带来四个小动物。（出示蜘蛛、河马、长颈鹿、蜈蚣的图片）看看这些动物都有什么突出的特点？（认识"颈、蜈、蚣"三个字）它们四个会发生什么故事呢？（板书课题：蜘蛛开店）（认识"店"字）

（二）初读课文

请同学们大声朗读课文。

自读要求：

（1）标出课文中的生字、生词，借助拼音多读几遍。

（2）标出自然段。

（三）指名分段朗读课文，随文识字，理清文章思路

1.老师领着读故事

（1）读第一自然段。

明白蜘蛛开店的原因。认识"蹲、寂、寞"三个生字。蜘蛛开店的原因是"好寂寞，好无聊"。

说说怎样记住生字，或者组个词语，用读一读等方式认识生字。

（2）读第二自然段。

怎样打发这无聊的时光呢？请同学们读第二自然段。（板书：卖口罩）认识"卖、罩、简"三个字。为什么蜘蛛决定卖口罩呢？（出示：卖什么呢？就卖口罩吧，因为口罩织起来简单。）这句话该用什么语气读呢？为什么？（轻松。先说结果再说原因，蜘蛛认为织什么简单就卖什么，想法非常简单。）

（3）指名读第三自然段。

这一段写蜘蛛做了一件什么事？（板书：写招牌）认识"编、顾、付"三个字。蜘蛛的招牌上写了什么？再读一遍。

（4）指名读第四自然段。

顾客是谁？（板书：河马）蜘蛛看到河马的时候是什么心情？（很沉重，因为河马的嘴巴太大了。）

蜘蛛用了多长时间？（板书：一整天）织完后，蜘蛛觉得织口罩简单吗？从哪个词里感受到的？该怎样读出这种不简单？请一名同学试一试。

2. 小组合作学故事

（1）过渡：蜘蛛卖口罩的故事可真有趣呀，那它又卖了什么呢？四人小组合作朗读课文第五至第十一自然段，找找与"蜘蛛卖口罩"故事相似的地方。

（2）指名反馈：

①卖什么：（男女生配合读，学习"袜"字）

还是卖围巾吧，因为围巾织起来很简单。

还是卖袜子吧，因为袜子织起来很简单。

②写招牌：（师生配合读）

口罩编织店，每位顾客只需付一元钱。

围巾编织店，每位顾客只需付一元钱。

袜子编织店，每位顾客只需付一元钱。

③顾客来了：（教师引读）

顾客来了，是一只河马。

顾客来了，只见身子不见头。蜘蛛向上一看，原来是一只长颈鹿，它的脖子和大树一样高，脑袋从树叶间露出来，正对着蜘蛛笑呢。

原来那位顾客竟是一条四十二只脚的蜈蚣！

④结局怎样：（重点词突出读，学习"匆"字）

河马的嘴巴那么大，口罩好难织啊，蜘蛛用了一整天的功夫，终于织完了。

蜘蛛织啊织，足足忙了一个星期，才织完那条长长的围巾。

蜘蛛看到顾客后，却吓得匆忙跑回网上。

（3）总结：

聪明的同学们都发现了，三个小故事在情节上有很多相同的地方，发现了这个规律，就可以帮助我们更完整地讲故事了。

3. 我来讲故事

（1）根据示意图讲一个生动有趣的故事，可以加上表情、动作。

（2）总结：

同学们，故事学到这里你有什么发现？你觉得这是一只怎样的蜘蛛？（蜘蛛思维、处事方式简单，导致了自讨苦吃、事与愿违的结果。）

4. 我来编故事

（1）假如你是这只小蜘蛛，你想要重新开店，你会怎么做？

（2）指名反馈。

（3）总结：

同学们，你们瞧，如果小蜘蛛在开店时可以借鉴大家给它出的主意，在想法方面发生一些改变（板书：改变），就可以收获不一样的结果呢。

（四）自己读故事《这是谁的声音》

（1）自由朗读文章，读准字音，读通句子。

（2）找出螳螂老师分别找谁问话，它们是怎么回答的，用横线画出来。

（3）指名反馈：螳螂老师是怎样问话的？故事发生在哪里？教室里发生了怎样的状况？（出示思维导图）

（五）学会讲故事

同学们，你们瞧！简单的示意图就能帮助我们理清文章的思路，今后，大家在读故事的时候可以像我们这节课一样，抓住文中的关键语句，借助示意图把故事完整地讲给你的伙伴或者父母听。

第六辑

我们一起读书

读整本的书，不仅可以练习精读、速读，有利于养成好的读书习惯，还可以进行各种文学知识与文体阅读的训练；学生阅读的心理会更加专一，阅读效果也会更好。它可以收一石多鸟之效。

——叶圣陶

行动是最美的语言。师生共读，我们从蹒跚学步到在书海寻觅，我和孩子们徜徉在书籍的海洋中，或课上诵读，或课下谈论，或游戏中玩耍……虽然我们的共读方式很原始，共读的内容很浅显，但是书籍带我们看到不同的风景，领略不同的人生，感受不同的世界。我和孩子们在课堂上进行各种交流，这成为我们最快乐的记忆。

《蝴蝶·豌豆花》读书交流课

【学习目标】

（1）学会读童诗，在诗情画意中感知童诗的形象美、意蕴美、韵律美，感受读童诗的乐趣，积累语言。

（2）感受画家细腻的笔触，学会观察。

（3）关注童诗的表达形式，发挥联想和想象，试着写诗。

【教学重点】

读诗写诗，喜欢童诗。

【教学过程】

（一）导入新课

最近，我们一直在读《蝴蝶·豌豆花》。这本童诗集的编者金波选了从新诗出现到近三十年的二十首诗，美术顾问蔡皋邀请了中国图画界享有活力的老中青三代画家完成二十幅作品。绘画带我们走进诗歌的意境，诗歌帮我们感受绘画的神韵。今天，让我们在诗人和画家聚会的星空下，快乐阅读。

（二）读诗，感受诗歌的音韵美

孩子们，让我们在美妙的乐曲中走进这些经典童诗。你喜欢哪一首，就读给同学们听。（板书：读）

（1）郭沫若的《天上的街市》：诗人面对星空，把我们引入了一个奇幻的世界。

（2）柯岩的《小鸟音符》：诗人面对大地，从儿童的好奇心和新鲜感出发，以儿童的视角，带给我们美的享受。

（3）郭风的《蝴蝶·豌豆花》让我们看到了两个孩子的对话，其实那何尝不是诗人在审视一朵花、一只蝴蝶时所萌发的一种幻象呢！

（4）邵燕祥的《小童话》：那些平凡的景物便纷至沓来，叶子、花朵、大树和孔雀，栩栩然活了起来，都成了童话王国的角色。细细品味这些小诗，我们的灵魂早已伴随着花朵、白云、小鸟飞入了幻境。

（5）高洪波的《我喜欢你，狐狸》是一首激发小读者快乐情绪的诗。诗人以一种逆向的思维，抒写了童心童趣，引发我们更为开阔的想象。

（6）冰心的《纸船》：把游戏导入了一个歌颂母爱的境界。它不仅唤醒了一段童年记忆，还激发了更多的联想。

（7）高凯《村小：生字课》，让老师仿佛变成了一名缺牙的孩童，当年我们就是这样唱读课文的。

（8）胡适的《湖上》，仿佛让我们看到夜晚采莲晚归的孩子与萤火虫做伴的快乐。

（9）叶圣陶的《瀑布》给我们展现了一幅宏大的场景。用朗读表现出来吧。

（10）徐志摩的《花牛歌》：在草地里自由自在的生活令人向往。

（11）俞平伯的《忆》：童年姐弟俩生活的情趣一览无余。

（12）汪静之的《疑问》，引发我们向往美好，向我们展现了一个多彩的世界。

（13）圣野的《捉迷藏》，描绘的是小妹妹跟风捉迷藏时天真可爱的形象。

（三）赏诗，感受画面的神韵美

读绘本，最赏心悦目的还是里面的绘画。这本诗集里的绘画是中国书画界最有名的画家的作品，他们认为给童诗配画是"让中国变得更加美丽的事情"。说一说你最喜欢哪一幅画？（板书：赏）

（1）《小鸟音符》和《春雨》那么诗情画意，一切都有了生命，电线杆、云朵、雨点，连小姑娘水桶里的西瓜籽也激动起来了，她画的是诗歌的音乐，画的是一种内心涌动的喜悦。

（2）看了《亲亲我》，让人忍不住想把那些可爱的娃娃都抱在怀里，画面背后是她的"谁言寸草心"。

（3）《纸船》和《湖上》由拥有"金画家"之称的王晓明先生绘画。《纸船》一诗幽静沉郁，所以画家的笔端也凝重起来，海一样的天空上朵朵积层云，几只洁白的纸船飘在云上，一如思绪的积淀，透明精致。纸船，很多人在童年都折过，不知读了这首诗、看了这些画的父母会不会也来和孩子一起叠一只纸船，放到浅浅的水里漂一漂，那可是电动玩具难以比拟的嬉戏。

（4）周翔先生的《安慰》是"生活的滋味，尝一口，酸到最后有点甜"；《找梦》让他找到自己的梦——他说："梦是生活的倒影，影像的涟漪只能在梦里看到，诗人的梦和我的梦交织在一起。"画家在画中将他对诗的理解做了酣畅而率性自由的表达。

（5）朱成梁先生的《团圆》温暖感人，《如果我是一片雪花》依然为读者营造了如沐春风的氛围。而《村小：生字课》则让人忍俊不禁，还原了熟悉的场景，我们当年不也是如此这般唱读课文的吗？

（6）李娜是位非常爱花、种花并一直喜欢画花的画家。在她那里，有的是对花的珍惜和爱护之情，为了画好豌豆花，她曾经种了一年的豌豆花，观察它们的一举一动。在她的笔下，花朵格外惹人怜爱地开着，那优雅轻盈的意态使得你想要采集的手恐怕都要缩回来了吧。的确，她是宠爱豌豆花的，在她眼里，豌豆花比那些名花更单纯可爱，于是，我们就看到《蝴蝶·豌豆花》在那里相知相爱，欢欢喜喜地开放和凋败。

（7）赵晓音在《天上的街市》中为我们展示了深邃、美丽的星空，让人产生无限的遐想。《小童话》光斑闪烁、格调清新，画面完美地呈现了树叶、花朵、孔雀互相向往，又相互交织的梦想。

（8）钦吟之的《花牛歌》里，牛的造型童趣盎然，毛茸茸的云朵，毛茸茸的花牛，还有毛茸茸的小草，让人忍不住伸手想去抚摸。

（9）张小莹的《忆》画得有意思。因为是回忆，所以"我"和"姐姐"所处的时间和空间是一种有区别又有关联的情景，画家匠心独运，用彩色和单色加以界定，同时又用小动物造型的变化加以区分，画面朴质，人物淘气稚拙。

（四）写诗，感受诗歌的形式美

中国的新诗，从它诞生的那一天开始，就在不断地探索表现形式。从所收入的二十首诗来看，诗的艺术风格不同，表现形式也不同，有的遵守一定的格律，有的靠近民歌体，有的追求散文美。无论哪一种形式，诗都不可涣散，要凝练集中；诗都不可呆板，要气韵生动。

（1）徐志摩的《花牛歌》，用了回环反复的结构形式，韵脚多变换，读来通体匀称。（板书：回环反复、韵脚变换）

（2）刘饶民的《春雨》，用了短句拟声，读来流利上口，有很强的音乐性。这样的诗在结构上，在韵律上，在听觉上，都很讲究，可称得上是声音的图画。（板书：短句拟声）

（3）邵燕祥的《小童话》，每小节两行，"放、翔、长"押韵"ang"，结构整齐，写出了树叶、花朵、孔雀互相向往，相亲相爱的情境。（板书：韵律整齐）

诗人眼中，这个世界上所有美好的事物都是有灵性的。他们面对一朵小花、一场春雨，或悄然凝思，或与之对语。让我们也做一位小诗人，仿照你喜欢的诗，写写你眼中美好的事物。（板书：写）

（五）欣赏自己写的诗

请同学们来念一念你写的诗。其他同学说说他的诗好在哪里。

（六）作业

（1）修改自己写的诗，并配上图画，全班同学出一本属于我们自己的诗集。

（2）用今天读诗的方式，阅读《打开诗的翅膀》。

【板书设计】

《蝴蝶·豌豆花》读书交流课

读　　　赏　　　写

回环反复

韵脚变换（整齐）

短句拟声

附：学生写的诗

信（寄老师）

刘书廷

我从不肯忘弃一张纸，

总是留着——留着，

写成一封精致的信件，

放到您的办公桌上。

有的被您珍藏起来，

有的被您拿到课堂上去交流，

我仍是每天地写着，

总希望您能给我写封回信。

老师，倘若您能给我写封回信，

我是多么的开心啊！

这是您亲爱的学生深情地写的，

求它记载着我的爱流进您的心里。

写给小鸟

高小婷

你想飞高你便飞高，

你想飞低你便飞低，

飞高，高过云朵；

飞低，低过地面。

没有人在世界上，

为你把框框画。

你想去哪便去哪，

济南、大连、美国、日本……

即使去北京，

也用不着火车票，

即使去英国，

也用不着证照，

没有人要你老老实实，

变成"聪明"的傻瓜。

你愿意做什么，

便去做什么，

你想造家便去造家，

风吹雨打都不怕；

你想唱歌便去唱歌，

唱得周围静悄悄，

然后，扑扑翅膀，

飞呀，飞过蓝天白云，

没有人用多好"安排计划"，

把你变成机器娃娃……

啊，让我也变成一只——
自由自在的小鸟吧！

春 雨

左亦晗

滴答，滴答
下小雨啦……
田野说：
"下吧，下吧，
我要喝水。"

花朵说：
"下吧，下吧，
我要绽放。"
小树说：
"下吧，下吧，
我要长高。"
小朋友说：
"下吧，下吧，
我要长大。"

滴答，滴答，
下小雨啦……

梦

张文欣

梦是什么样子的？
花儿回答说
梦是红红的，
香香的。

大树说
梦是绿绿的，
高高的。

溪水说
梦是清清的，
捉不到的。

蝴蝶说
梦是美美的，
会飞的。

小朋友说
梦是五彩缤纷的，
甜甜的。

轻轻的
夜晚又来了，
星星依旧闪闪发光，
月亮依旧高挂树梢，

只有梦变了。

变成什么样子？

只有你知道。

小童话

刘婧怡

在云彩的南面，

那遥远的地方。

有一群小朋友说：

"我们想像鱼一样在海里嬉戏。"

有一群鱼儿说：

"我们想像云一样自由。"

有一群云彩说：

"我们想像小朋友一样茁壮成长。"

如果我是小雨滴

王文杉

如果我是小雨滴，

你说，我会飞到哪里去呢？

我呀，愿意飞到小树下，

喝吧，喝吧，

让小树苗快快长大。

我呀，愿意飞到小河里，

游啊，游啊，

和小鱼小虾快乐地玩耍。

我呀，更愿意飞到国旗上，

骄傲着，自豪着，

把五星红旗装扮得更加鲜艳。

《老人与海》班级读书会

【学习目标】

（1）阅读经典名著，借助资料了解海明威的作品和风格。

（2）整体把握小说，概括小说情节，学会独立欣赏文学作品。

（3）把握人物描写的方法，挖掘人物性格，感悟作品主旨与内涵的能力。

（4）具有不屈服于命运，凭着勇气、毅力和智慧在艰苦卓绝的环境里进行抗争的精神。

【教学重点】

结合文本，品味作者独到的描写，从而深入理解桑提阿果的"硬汉形象"。

【教学难点】

由人物形象的塑造，理解海明威的艺术手法"冰山原则"，结合小说创作背景，挖掘小说的象征含义。

【教学过程】

（一）导入新课

前一段时间，一位爱心阿姨向我们赠送了《老人与海》，我们利用三周的时间经历了一次幸福的阅读旅程，每位同学都用心做了批注，相信大家一定从这本书中感受到了成长的力量。今天这节课我们就以"老人引领我成长"为题，来汇报这次阅读旅程中的独特理解和感悟。

（二）整体把握

1. 概括文章的主要内容

我们对一篇文章、一本书的了解往往是从题目开始的。看到《老人与海》这个题目，你能不能说说这是怎样一个故事？（提示学生逐步用最简练的语言概括小说的主要内容。）

（回答此问题时，教师要引导学生提炼出核心事件——捕鱼。）

一段话概括：老渔夫桑提阿果连续84天没有捕到一条鱼，后独自出门远航，经过三天两夜的搏斗，终于捕到一条1500多磅的大马林鱼。然而归途中，却被成群的鲨鱼吃掉，尽管老人奋力抗击，但马林鱼还是只剩下一副巨大的骨架。

（教师引导学生概括能否再简练一点。）

一句话概括：老渔夫桑提阿果捕到大鱼后，遭到鲨鱼围追，只带回鱼骨架的故事。

一个短语概括：老人捕鱼。

一个词概括：捕鱼。

其实文章叙述了一个极简单的故事，就是"倒了血霉"的老人出海捕鱼，鱼却被鲨鱼吃了。

2. 梳理故事的结构

小说以捕鱼为核心，从开始的捕不到鱼，到出远海捕鱼，捕获大鱼后不久就遇到群鲨围攻，经过两天两夜的搏斗，老人带着鱼骨返航。作者按照这样的线索展开故事，一位坚强的老人形象便在我们心中树立起来。

（随机播放课件：捕不到鱼—远海捕鱼—捕获大鱼—群鲨围攻—鱼骨返航。）

读整本书，我们可以从题目入手，抓住主要人物的活动，概括文章的主要内容，理清文章叙述线索，这样就把一本书读薄了。（板书：薄　抓主要内容）

以上我们交流的内容，在书的内容提要和前言中都有介绍。看来，我们拿到一本书时，首先要看内容提要和前言（有的书中称序言），这些对于我们读者来说，如同畅游书海的指南针，能让我们更快地进入作品。

（三）对老人形象的理解

（了解学生对人物的理解，培养学生对人物的概括能力；相关联想可以使学生打开思路，深入理解人物特点。）

（1）"一千个读者，就有一千个哈姆雷特"，那么你们心中的桑提阿果又是什么形象呢？找几名同学把你心中老人最鲜明的形象特点写在黑板上。（四名同学上）

（2）我们下面的同学回想一下，当你读这部小说的时候，由老人的形象都联想到了什么？可以是一部作品、一幅画、一个生活中的人……

指名说一说联想到的人物。（板书：联想）

（3）看黑板上同学的概括，找出共同的内容——坚强、执着、孤独、男子汉（硬汉）。

是的，海明威最善于塑造"硬汉"形象，而桑提阿果是他塑造得最成功的"硬汉"，有人把他称之为"英雄"，有人认为《老人与海》就是一曲英雄主义的赞歌。

（四）体会老人的"硬汉"形象

（1）让我们从小说的细节描写中体会老人的特点，从而走进人物的内心世界，看看被称为"硬汉"的老人都有哪些壮举。我们到书中去寻找答案。（引导学生以文本为依据抓情节、抓人物描写。也可以有不同的看法，甚至相反的意见。）

（2）学生汇报文中细节描写。

（3）同学们的理解很深刻，在书上做的批注很精彩。我们读书时要抓住细节描写，走进人物内心世界。在武器简陋、孤立无援、食物缺乏、体力耗尽、鲨鱼轮番来袭的情况下，老人明知终会失败，却仍凭着自己的勇气、毅力和智慧进行了奋勇的抗争。老人的形象在我们心中树立起来。

这样我们读出了书中没有写的内容，就把作者的书读厚了，读出了自己独特的感受。

（板书：厚 抓细节走进人物内心世界）

看来老人实在是没有什么"壮举"，甚至好不容易捕获的大鱼还被吃掉了。从结果上看，他仍旧是一无所有，他是个失败者，那么如何理解"硬汉""英雄"这样的评价呢？

（学生自由发言）

教师引导：老人的超强意志力已经完全代替了他躯体的肌肉力量，他没有从危险、残酷的现实中退却，而是勇敢地接受现实；他凭借自己的意志力创造了现实，赢得了哪怕是非常短暂最终却惨败的胜利。"人不是为失败而生的，一个人可以被毁灭，但不能给打败！"桑提阿果的这段独白，体现了人的自尊自强的巨大精神力量，是对硬汉精神的高度概括。在海明威的笔下，老人是个要竭力超越自身极限的人。虽然年老了，但仍然保持着男子汉的气概，那就是坚韧不拔的精神和意志的力量。海明威借助《老人与海》中的桑提阿果之口喊出一个男子汉的宣言。请大家齐读："人不是为失败而生的，一个人可以被毁灭，但不能给打败！"

（五）小说的象征意义

在简单的故事中，我们读出了不简单的精神，海明威真是不简单。海明威曾把文学创作比为漂浮在大海上的"冰山"，认为用文字直接写出来的部分仅仅是"露出水面的八分之一"，隐藏在水下的部分占冰山的"八分之七"。一个优秀的作家，就是要以简洁凝练的笔法，客观精确地描绘出意蕴深厚的生活画面，唤起读者根据自己的生活感受和想象力，去开掘隐藏在"水下"的"八分之七"，对现实生活做出自己的判断和结论。这就是他著名的"冰山原则"。那么"硬汉"形象就是那水下的八分之七吗？海明威为什么塑造桑提阿果这个人物呢？请同学们说说自己的想法。

（学生可以各抒己见）

教师引导：我国现代作家郁达夫断言，一切文学创作，都是作者的自叙传。要寻找答案就要了解海明威及其创作的背景。

介绍海明威的生活、创作简历，学生谈，教师补充。

很多人认为，老人桑提阿果就是海明威。在1954年诺贝尔文学奖授奖仪式上海明威致辞说："写作，在最成功的时候，是一种孤寂的生涯。"而在他的名作《老人与海》中，开头的第一句话就是："他是个独自在湾流中一条小船上钓鱼的老人。"在这里，海明威是不是把自己暗喻成这个永远不轻言失败的"硬汉"老人呢？当评论家们预言海明威已文才枯竭、江郎才尽的时候，53岁的海明威发表了这部举世公认的杰作《老人与海》，并因此获得了诺贝尔文学奖。海明威就像《老人与海》中的老渔夫桑提阿果一样，以一种非凡的毅力，以压倒一切的无畏气概，令人由衷地折服和尊敬。所以，约翰·肯尼迪总统在唁电中说："几乎没有哪个美国人比海明威对美国人民的感情和态度产生过更大的影响。"他称海明威为"本世纪（20世纪）最伟大的作家之一"。《老人与海》获1954年诺贝尔文学奖，授奖委员会的评价是：①勇气是海明威的中心主题。②《老人与海》写的是一个老人，展现的却是一个世界。

（六）课堂小结

海明威否认他的小说有什么象征意义，他"冰山"下的八分之七，需要我们用生命和阅历去阅读。无论是失败的英雄——桑提阿果，还是成功的海明威都是值得我们用一生去阅读的，因为他们精神中的不屈与顽强，应该是我们前进的动力。《老人与海》确实是一部让人终身受益的好书，因为它给予我们太多人生的启示。下面是我摘录小说中的部分精彩语句送给大家。

（1）每一天都是一个新的日子。走运当然是好。不过我情愿做到分毫不差。这样，运气来的时候，你就有所准备了。

（2）不过话得说回来，没有一桩事是容易的。

（3）"不过人不是为失败而生的，"他说，"一个人可以被毁灭，但不能给打败。"

（4）现在不是去想缺少什么的时候，该想一想凭现有的东西你能做什么。

（5）人不抱希望是很傻的。

（七）作业

（1）请同学们根据今天的讨论以及自己的理解，制作一张《老人与海》的读书交流卡，与同学进行进一步的交流。让我们用一生的时间去体味桑提阿果老人的硬汉精神。

（2）用我们今天学到的阅读方法读《猎人笔记》。

《柳林风声》班级读书会

【学习目标】

（1）交流阅读《柳林风声》的收获，在交流中提升对家、友谊等主题的认识。

（2）学习概括整本书内容的方法。

（3）积累语言，养成读书的好习惯。

【教学重点】

学习概括整本书内容的方法。

【教学过程】

（一）导入新课

孩子们，我无限信仰书籍的力量，所以向我们班的家长推荐了很多好书，经过不断沟通，家长们非常支持，常常给同学们买来一大包书，《柳林风声》就是其中一本，相信大家都读过了。今天我们就来交流下读书的收获吧。

介绍作者：

（PPT出示作者资料）肯尼斯·格雷厄姆（1859—1932）生于英国苏格兰的爱丁堡，他的童年很不幸，5岁丧母，随后丧父。他喜欢自然和文学，业余研究动物和写作，很早就是一位很有名气的作家。1907年他写给儿子的一札信，就是这部《柳林风声》的基础。格雷厄姆的这本书，曾经引起当时美国总统罗斯福的注意，他曾写信告诉作者，他把《柳林风声》一口气读了三遍。除《柳林风声》外，他写的另两本书：《黄金时代》和《做梦的日子》，深受英美不同年龄的人喜爱。

读过这本书，再看到《柳林风声》这个题目，你是怎样理解这四个字的？柳林风声，顾名思义，树林是很神秘的，"风声"就是指在其中发生的一系列故事。

第一次见到这本书的题目，你当时是怎么理解这四个字的？（生答）

我们对一篇文章、一本书的了解往往是从题目开始的。神秘的树林中发生着一个个动人的故事。你知道这些故事是怎么来的吗？

（指生说，师补充）

作者介绍：

肯尼思·格雷厄姆（Kenneth Grahame，1859—1932），出生于英国苏格兰一个旧式家庭。5岁丧母，而父亲是一个酒鬼，他和兄弟姐妹被亲戚收养在乡间。他酷爱文学，但中学毕业后，为了谋生，不得不成为伦敦的一名银行职员。他的妻子是一个非常势利的人，两人的感情生活很不愉快。他在业余时间进行文学创作，但也不算很成功。幸好他有一个儿子，遗憾的是他的孩子天生盲了一只眼，另一只眼也有严重的斜视，但他还是深爱着儿子。

儿子成天缠着他讲故事。他是个狂热的自然爱好者，喜欢研究山林、河流，还有大自然里的各种动物，十分渴望能安安静静地住在大自然里。于是他为孩子讲了一个会说人话的动物的故事，里面有忠诚的鼹鼠、快乐的河鼠、充满智慧的獾，还有一个非常疯狂、冒失可爱的癞蛤蟆。这四个动物朋友的历险故事让孩子着迷不已，他嚷着不要去夏令营，于是他答应在儿子离开后，每天用写信的方式继续来讲这个故事。（放音频：音频的内容是柳林风声的部分内容）这就是格雷厄姆为自己的宝贝儿子写的童话，但又何尝不是为全世界的孩子以及心中还藏着一颗童心的大人们写的呢？

今天老师将跟大家再次走进柳林，细细品味和聆听这四个小动物在神秘的柳树林中发生的故事。

（二）交流主要内容

1. 目录概括法

本书共有12章，大家请看。（PPT出示每章内容）

请你读一读每一章的题目，想一想每一章都发生过怎样的故事。

现在你的头脑中有没有浮现那一个个动人的故事？对，读完整本书，我们可以根据目录来回忆书中的主要内容。（板书：目录概括法）

2. 主要角色概括法

认真读书的同学们，你们知道书里主要涉及几个角色？（指名回答，相机板书：鼹鼠、河鼠、老獾、蟾蜍）

请你根据这些主要角色说一段话，说说这本书讲了一个怎样的故事。（指名回答）

看来，知道了书中的主要角色，把这些角色所做的事连起来，我们就可以抓住故事的主要内容了，这是一个读书的好方法。（板书：抓主要角色）

抓住主要内容，说明大家读得很认真，把书读薄了，（板书：薄）今天让我们根据读书交流卡中的内容，来细细品味作者的语言，感受角色的内心世界，联系生活实际，读出自己的感悟和理解，又可以把书读厚。（板书：厚）

（三）精彩的描写

书中景物描写、动作描写、细节描写、语言描写、神态描写、心理描写等都极为出众，请你从中选择一段为大家分析。

教师小结：抓住文章的细节品味语言，是读书的好方法。

（板书：抓细节品语言）

过渡：读着这些精彩的语句，你是否也想到了书中某个让你难忘的情节？

（四）难忘的情节

这本书里，你最喜欢或最难忘的地方是什么？（可以说书中的一个情节、一只动物或一个段落）

教师小结：走进最令人感动的情感世界，就走进人物（角色）的内心世界，和文中人物（角色）同悲同喜，这是阅读的最高境界，看来同学们都是会读书的孩子。

（板书：走进人物（角色）的内心世界）

过渡：走进人物（角色）的内心世界，你会发现每个人（角色）的心中都是一方美丽澄澈的湖水，书中的四个小伙伴就是这样。

（五）永恒的友谊

团结友爱，建立真挚的友谊是我们的毕生追求。书中四个小伙伴的真情、深情随处可见，你能说说让你最感动的一件事吗？

教师小结：同学们结合自己的生活来读书，从书中学到了与人交往的方法，知道了珍惜幸福的生活，学会生活，这是书籍教给我们的。

（板书：联系生活实际）

过渡：课前，我了解到，很多同学对第五章"可爱的家"感受特别深，现在我们一起走进这一章。

（六）可爱的家园

家园是避风的港湾，请你读第五章中描写家的有关内容，谈谈对家的理解。

其实文中感动我们的不仅仅是对家的眷恋，还有小动物之间的真情。回家后，可以请你的父母读读这一章并说一说对家的理解。

（七）交流整体感受

（1）读了这本书你最大的感受是什么？

（2）看来大家对友谊和家的感受最深刻，我们来看看古今中外的人都有哪些看法。

把痛苦告诉给你的知心朋友，痛苦就会减掉一半；把快乐与你的朋友分享，快乐就会一分为二。友谊的作用就是这么神奇！

——培根

朋友间必须是患难相济，那才能说得上是真正的友谊，你有伤心事，他也哭泣，你睡不着，他也难安息；不管你遇上任何困难，他都心甘情愿和你分担。

——莎士比亚

我相信家庭与外界是决然不同的，它可以充满爱、关怀及了解，成为一个人养精蓄锐的场所。

——萨提尔

金窝，银窝，不如自家的草窝。

——佩恩

看来，古今中外的仁人志士都很看重"家"和"友谊"，这是因为我们心中都有爱。今天，与同学们一起走进柳林，聆听风声，这美妙的童话唤醒了老师童年的记忆，让我度过了一段美好的时光，感谢大家。

诗人惠特曼有一首诗——《有一个孩子向前走去》。诗里说：有一个孩子每天向前走去，他看见最初的东西，他就变成那东西，那东西就变成他的一部分……如果是早开的紫丁香，那么它会变成这个孩子的一部分；如果是杂乱的野草，那么他也会变成这个孩子的一部分。同学们读着经典一步步走向美好和幸福，心里开满了鲜花，哪怕将来遭遇再严酷的寒冬，那鲜花也不会凋零，心灵也不会变成荒野，因为你们心中的花是由真正的优秀经典作品种植培育而成的。让经典滋润我们的心灵。

【板书设计】

走进柳林　聆听风声

薄　　　　　　　　　　　　　　　　　　　厚

抓主要角色　鼹鼠　河鼠　老獾　蟾蜍　走进人物的内心世界

目录概括法　　　　　　　　　　　抓细节　品语言

　　　　　　　　　　　　　　　　联系生活实际

《不一样的卡梅拉》读书交流会

【学习目标】

（1）师生共同回忆故事，重现书中的人物和情节。

（2）多种方式交流读书收获，感受读书乐趣。

（3）感知小鸡卡梅拉们的勇敢和执着，知道在生活中要有所追求；遇到危险或困难时，不害怕、不紧张，开动脑筋，想出对策。

（4）积累好词好句，学会欣赏语言。

【教学重点】

创设情境，让学生喜欢卡梅拉，感知卡梅拉的精神，得到生活中的启示，学习交流阅读图画书的方法。

【教学准备】

图文对照的课件、书。

【教学过程】

（一）谈话导入

（1）我想问问大家，最近大家都在看什么书呢？（卡梅拉）卡梅拉、卡梅拉，总是卡梅拉，难道就没有比卡梅拉更好看的书了吗？这话是不是听起来有点熟悉啊？好像谁是这样说的啊？（卡梅拉）他怎么说的啊，还记得吗？

（2）请学生模仿卡梅拉的语气说话。——"下蛋，下蛋，生活中难道没有比下蛋更好玩的事情了吗？"

大小卡梅拉们一直都抱有这样的信念。他们执着地追求那些种群中认为不可想象的事情。去看大海、摘星星、追回逃逸的太阳、拯救小伙伴贝里奥……一路上处处坎坷、历经艰难，但总是逢凶化吉，最后还能收获超乎想象的回报和异乎寻常的果实。我们通过两周的时间读这一套书，有很大的收获。今天我们的读书交流就是一起分享这些读书的快乐。

（二）猜故事

仅仅是记住了卡梅拉说的话还不能说明你读书读得好，我来考考你——请你根据录音、画面或者文字猜一猜这是哪个故事？

分别出示录音、图画和文字，让学生抢答。

（三）有趣的情节

之所以大家一听就知道这个故事，是因为这套书实在太有趣了。这套书共十一本，你觉得哪个情节最有意思？和大家分享一下吧。

听了你们的发言，相信更多的人想看看这本书呢。

（四）生动的人物

在卡梅拉的故事里面，有许多有趣的角色，老师让同学们画了你最喜欢的、最讨厌的，或者你认为最勇敢的、最机智的、最聪明的、最胆小的角色，请你拿着你的画给大家介绍一下吧。

学生介绍卡梅拉、卡梅利多、鸸鹋、贝里奥、卡门等角色。

每个人都有自己的看法，细细地品味这些角色，说出自己的感受。这样的读书方法是非常好的。

（五）会说话的文字

是什么让我们记住了有趣的故事、生动的人物？是会说话的文字。很多句子，我们读着读着，就走进了那有趣的故事。

不知从哪儿来的一股力量，震得鸡舍剧烈地摇晃起来，鸡舍就像一棵无助的小树被狂风吹得连根拔起一样，慢慢地向一旁倒下。

——《我不是胆小鬼》第28页

看到一只只毛茸茸的小宝贝破壳而出，鸡爸爸、鸡妈妈们高兴得眉开眼笑，他们给宝贝们喂好吃的，又是抱，又是亲，又是逗她们开心……忙得不亦乐乎，小宝贝们趁机撒娇、耍赖、哭闹……到处洋溢着幸福和欢乐。

——《我想有个弟弟》第4页

这天早上，打开房门，小鸡们都惊呆了：眼前白茫茫一片，整个农场被一层奇怪的白砂糖盖了起来……小鸡们立即玩起了游戏：滑冰、跳板、翻筋斗、摔跤、滚雪球……

——《我爱小黑猫》第24页

（六）展示梦想

这些美丽的文字让我们了解到这一群有梦想的卡梅拉们有趣的生活。老师想知道你们的梦想是什么。希望我们每个人心中都像卡梅拉一样有一个美丽的梦想。

（七）课堂小结

大家对书有一种热爱，通过读书产生了梦想，这正是书籍的力量。所以萝卜探长推荐时说："我们可以把卡梅拉当作一种象征，一种成长路上必不可少的'伴侣'。读不一样的卡梅拉，成就与众不同的你！"今天的课虽然上完了，但是卡梅拉的故事却没有完。而且除了卡梅拉的故事，还有更多有趣、精彩的故事在等着同学们去阅读呢。

《傻鸭子欧巴儿》读书推荐课

【学习目标】

（1）用听读、想象、讨论丰富猜想内容，激发阅读欲望。

（2）借助文本语言，进行口语表达训练。

【教学用具】

课件、书。

【教学过程】

（一）启发谈话

前段时间，我们和机智勇敢的卡梅拉们一起度过了一段愉快的阅读时光，瞧，今天老师给大家带来一位新朋友。（出示：鸭子图）

这只与众不同的鸭子来自离城市不远的地方，那里有一座绿茸茸的小山岗。山冈的后面有一片清亮亮的湖水。夏天来临的时候，风儿带着荷花的清香从湖面上徐徐飘过，山映在水中的倒影轻轻跳起舞来，湖边的小树林也开始低低地吟唱。这时一群鸭子优雅地游过，就像一支远航的舰队，在身后留下一条条银光闪闪的水线……（边叙述边出示图片）

这里是翠湖养鸭场，也是鸭子们的学校。今天的故事就从这里开始。

（二）第一段故事

"猛吃猛喝猛睡，以胖为荣，以瘦为耻。"（出示课件）这是鸭子们深信不疑的一句口号。胖鸭子能够进城，这在鸭子们的心目中，那可是件无上光荣而又愉快的事。这里的鸭子不以相互抢夺食物为羞耻，也不以吃饱了就睡为懒惰。所以它们都能够在三个月之内，体重达到并超过五斤。如果有谁满三个月的时候还是骨瘦如柴，那它就会成为大家嘲弄的对象啦。（播放第一段录音"鸭子的觉醒"）

（三）第二段故事

教师介绍这只傻鸭子：说它傻是因为这只鸭子曾经异想天开地想当天鹅，于是独自爬到鸭场对面的小山上，然后大声呼喊着展翅高飞。结果一头栽下来，幸亏刚刚下过雨，它栽到一洼雨水里，才没有摔死。还有一次。两个饲养员打架，其中一个骂另外一个是公鸭嗓。这只鸭子却把这句话当成了好话，整整一天，它跟在被骂的那个饲养员身后呀呀乱叫，结果挨了一顿棍子。

大家想想看：这样一只傻鸭子，现在被胖子场长扔下车来，它会有什么想法？会做出什么傻事来呢？（学生想象说）

傻鸭子在痛苦中，想到了鸭场旁边的那只母猪。大家看，母猪肥肥的，（出示图片）想一想这是为什么呢？（学生想象回答）

母猪能帮到鸭子吗？（播放第二段录音"鸭子吃洗衣粉"）

（四）第三段故事

鸭子胖起来的愿望实现了吗？吃过一袋洗衣粉后会怎么样呢？请你猜猜看。（学生回答）故事爷爷是这样讲的。（由老师讲故事）

傻鸭子从来没有像今天这样渴，它喝了很多水，一直到肚子咕噜咕噜响了起来，它才手舞足蹈地跑回家。"看——看——看我胖了吗？"傻鸭子没进鸭棚就大声喊起来。

正在睡觉的鸭子一起抬起头来厌恶地看着它。突然，鸭子们一齐叫起来："呀——"一串五光十色的泡泡儿从傻鸭子的嘴里飞了出来。

"咕噜——咕噜——咕噜——"

傻鸭子的嗓子眼就像开了锅，泡泡儿在鸭棚里飘荡，又不断地爆炸。鸭子们有叫的，有笑的，也有瞪大眼睛呆呆地看的。但大家一致认为傻鸭子受的打击实在太大了，已经变得很不正常了。

这时，傻鸭子会怎么想呢？请同学们想象一下。

傻鸭子独自悲哀地站在鸭棚门口，他怎么也不明白，吃了肥猪粉怎么会冒泡泡儿。好半天他才想明白，如果闭上嘴，让泡泡儿憋在肚子里不出来，准能胖！可惜晚啦，泡泡儿都飞走啦！这关键的问题母猪为什么不告诉我呢？

（五）第四段故事

大家现在觉得这是一只怎样的鸭子？（学生回答傻透顶了、太可笑了，等等）

可是后来进城的一只鸭子因为体重不到五斤而被遣送回鸭场，大家才明白胖鸭子进城是要做烤鸭的，这只倒霉的傻鸭子成了大家的偶像。瞧，大家正围着他让他介绍经验呢。（出示一段话，请学生读）

"让傻鸭子介绍一下他瘦的经验！"

"呀——太好啦！"鸭子们高声欢呼起来。

傻鸭子立刻被大家围在会场中心，这突如其来的荣誉和信任使他有点头晕。

哪位同学知道这只鸭子瘦的经验？帮这只鸭子说说吧。

其实，这只鸭子之所以瘦，就是因为他不肯同大家争夺饲料，他认为："吃饭不用抢，大家都和气，有什么不好？"你现在觉得这是一只怎样的鸭子？（善良）

但是，这只鸭子和他的伙伴们一起，被胖子场长强化催肥，一个月以后，所有的鸭子被装上卡车进城了。他先被一个花皮球一样的胖女人买回家，在家里嘎嘎叫，被一名老头（出示图片）——市里有名的爱乐交响乐团的黑管演奏员买回了家，和他做伴。（故事爷爷把这个故事交到最爱读书的同学手里啦，你来读一读吧。）

今天老师给大家推荐的这本书，就是《傻鸭子欧巴儿》。

（六）介绍作者张之路

（出示图片）书的作者张之路是一员侃将，他的故事往往是先与朋友聊天，而后写成的。他毕业于首都师范大学物理系，现为中国作家协会儿童文学委员会副主任、中国电影集团一级编剧。曾获国际安徒生奖提名奖

（IBBY）、冰心儿童文学奖等。他的老家是山东诸城。最近浙江少年儿童出版社出版了张之路非常"感动"、非常"可笑"、非常"神秘"三大系列作品。三个系列风格各异，或幽默风趣，令人捧腹；或情感真挚，催人落泪；或惊险奇幻，引人入胜，都值得大家一读。

（七）出示目录，先睹为快

《傻鸭子欧巴儿》目录：

一　鸭子的觉醒

二　死里逃生

三　欧巴儿和老黑管

四　相依为命

五　家里来了新朋友

六　声乐专家

七　照片上的男孩子

八　中秋音乐会

九　欧巴儿来到马戏团

十　真假欧巴儿

十一　第一排的空座位

十二　团圆

读过这些目录，你猜一猜这本书中会有一些怎样的故事呢？和同桌交流交流吧。

（八）课堂总结

要想了解这本书中的内容，最好的方法是什么？对，阅读。想了解这一只与众不同的鸭子，就去阅读吧。爱心阿姨给我们班的同学买来了这本书，让我们一起感谢她——齐读（出示课件）："爱心读书俱乐部欢迎您的加入，感谢您的赠予，传递爱心，阅读经典。"

7

第七辑

童书，唤醒生命的灿烂

真正的教育是一棵树摇动另一棵树，一朵云推动另一朵云，一个灵魂唤醒另一个灵魂。

——德国哲学家雅斯贝尔斯

2007年春天，从家长向孩子们赠阅第一本童书开始，绘本、儿童文学、少年科普等各种不同的书籍走进我们的生活，和孩子们徜徉在经典中已经有十几个年头。在童书世界里，我、家长和孩子们都找到了快乐与满足，生命之花在灿烂开放。

童书，带我童眼看世界

有人说，人生最大的奢侈在于保持一颗童心。曾几何时，我们心中缺少了触动心灵的感动，脸上缺少了发自肺腑的笑容。自从与孩子们共读绘本，我找回了那份久违的童真。

每天晚上，我都会捧起床头一本本童书，常常被逗得或哭或笑，连家里人都忍不住拿过书来瞧一瞧。读《青蛙弗洛格的故事》时，儿子就变成了弗洛格；读《傻鸭子欧巴儿》，儿子是欧巴儿，我是老黑管；读《老人与海》，我们经常讨论桑提阿果爷爷的命运给人的启迪……家里少了那份无所事事的寂寞，少了那份看肥皂剧的无聊，生活因为童书的陪伴而充满阳光。

备课时，我更多地俯下身子思考孩子们的思维方式：孩子喜欢边做动作边背课文，喜欢竞赛式学习，喜欢在游戏中学习，喜欢自己就是书中的主人公……只要他们喜欢，我便试着改变自己的教学方式。领着学生背《弟子规》后，我指导他们对照"置冠服，有定位；勿乱顿，致污秽"检查自己的房间；学过《三字经》后，出示图片理解"稻粱菽，麦黍稷。此六谷，人所食。""匏土革，木石金。丝与竹，乃八音。"

课堂上，我和学生有了更多的共同语言。

《柳林风声》的第一章《大河》中，看着鼹鼠对春天的好奇，看着春天不可抗拒的力量，读着大河像个孩子似的一路奔流前行，我被感染了，笑出了声。儿童文学能让人的心底纯净。

我跟着学生阅读，仔细地读每一个章节。没想到，一开始很痛苦，读一下午腰酸背痛，很不舒服。我觉得应该让每一个学生看到我的读书批注，尽管很费劲，但我咬牙坚持下来了，整整四天，我没做家务，回家吃完饭就读书批注，终于读完了第一遍。我在网上搜索了一下，发现有三位老师也在领孩子们阅读这本书，我开始和他们探讨，渐渐地发现读童书很有意思，有时会情不自禁地与家人一起探讨，儿子也特别喜欢。

童书，让家庭中弥漫书香

在书香乐苑的建设中，最大的改变是家长的教育意识增强了，他们开始思考什么是孩子需要的，心思也细腻起来。俊成妈妈、文欣妈妈为同学们送来《不一样的卡梅拉》，书廷妈妈送来了《蝴蝶·豌豆花》，泉博妈妈送来了《小猪稀哩呼噜》……家长们最关心的事情就是孩子们最近读什么书。

英睿的妈妈在随笔中写道："已经记不起上次认真地沉下心来读一本书是什么时候了，这次利用暑假我和睿睿一起阅读李毓佩的《数学童话集》这本书，又重新找回了儿时读书的快乐感和满足感。"铭阳的家长在亲子共读《我要找到朗朗》一书时，深有感触："希望孩子能学到故事中主人公的坚持，不轻易放弃。和孩子共同阅读，一起领略故事中的道理，这真是一件幸福的事情，我们是在共同成长啊！"

童书，领着家长和孩子们走向美好。

笑宇妈妈在与孩子共读的过程中，也深有感触：

小时候就知道匹诺曹的故事，说谎会长长鼻子是我脑海中对这本书最深的印象。长大后当了老师，我也曾把这本书推荐给学生们看，再后来当了妈妈，也陪孩子看过动画版的《木偶奇遇记》，但却一直没有细细地用心、完整地品读过这本书。直到今年假期，陈老师给孩子们每人发了一本《木偶奇遇记》，在儿子的要求下，我和儿子共同阅读了这本世界经典童话。我们采用的方法是：我读一段，儿子听；儿子读一段，我听。读完后，我们共同探讨书中的内容，就此对儿子进行引导教育。到这时我这才发现，这部看似浅显的儿童读物却蕴含着深刻的人生道理，需要我们细细咀嚼，认真体味。

细读这本书，书中的匹诺曹调皮、撒谎、不听大人的话、经受不住诱惑，这完完全全是一个坏孩子的形象。我感觉匹诺曹简直就是调皮的男孩子们的代言人，尤其是我儿子的影子。每个孩子从呱呱坠地到蹒跚学步，从牙牙学语到迈入校门，孩子幼时的天性也如诞生伊始的匹诺曹，充满了自然童真，却也有许多需要矫正的枝枝蔓蔓。儿子从小特别爱打闹，整天咋咋呼呼，跟小伙伴闹起来没有分寸，经常因为打闹给小伙伴来伤害，整天小错误不断。为此，在与孩子共读这本书的同时，我刻意引导孩子去认识匹诺曹的错误，并且经常问他："匹诺曹这样做对吗？为什么不对？如果你是匹诺曹，此刻你会怎么做？"虽然儿子的话很幼稚，但有了最起码的是非观念，知道怎样做不会伤害父亲杰佩托和那些给他帮助的朋友。我又由此引申出去，让儿子谈谈在班里和小朋友相处的时候应该怎么做，怎样才能成为一个受欢迎的孩子，等等。值得欣慰的是，今年过年走亲访友时，儿子无论去谁家都表现得文质彬彬，尊老爱幼，得到亲戚的一致好评，都说儿子长大了，懂事了。尤其是去姑姑家，不再和表姐闹矛盾，两个人玩得其乐融融，遇事有商有量，不耍小性子，这或许就是这本书带给儿子最大的进步吧，书籍在潜移默化中改变了孩子！

《木偶奇遇记》记述了匹诺曹的成长经历，在匹诺曹由坏孩子到好孩子的转变中，那些给予他无私帮助和爱的人，才是最伟大的。对于匹诺曹而言，爱，赋予他生命的温暖；爱，给予他战胜困难的勇气；爱，更让他的心灵由一棵幼嫩的小草成长为参天大树，最终能够用同样的爱去回报他人。而匹诺曹奇幻旅程中的点点滴滴正如同我们孩子的成长历程。我愿意化作充满爱心的天使，在儿子蜕变的成长路程上一路默默相伴，及时伸出援助之手，把随时有可能长弯的小树苗扶正。我一人的力量是有限的，老师的教育和帮助才是孩子成长的最大动力，让我们家校联手，共同培育好这棵小树苗。所以我觉得这部童话写得非常好，除了对孩子有很大的教育意义外，也给我们家长提了一个醒，尤其是工作忙顾不上孩子的家长，提醒我们要多多关注孩子，对孩子成长路上的小插曲要宽容地对待，只有我们用博大的爱来温暖孩子，用无私的爱引领孩子走上正确的道路，方能使其心灵在爱的阳光中苗壮成长！

童书，让孩子慢慢地成长

阅读也是欣赏，由着孩子慢慢走。和孩子共读经典的路上，我看到鲜花，闻到花香，听到鸟鸣，找到了美丽的语文，感受到做语文教师的幸福。

一、丰富的感受是美丽的

人生不能预演，但阅读让孩子们从他人的思想、情感、苦难、探险等经历中获得间接经验，感受丰富多彩的人生。孩子们如饥似渴地阅读着，每天课间，教室里不再是乱跑乱喊地乱作一团，或安静地看书，或悄悄地议论。我和孩子们一起读每一个章节，学生们看到我的读书批注，积极效仿。这期间没有阅读笔记的指标，没有速度的规定，没有批评，有的只是我们共同的话题，只是混沌时的点拨，只是对阅读的激励。"看庭前花开花落，望天空云卷云舒。"赵雨晴的家长说："乖巧懂事的女儿从小胆小又不自信，做什么都缩手缩脚。读书让女儿越来越自信。上课常抢着回答问题。闺女说：'自信的女孩最美丽！'"

二、唤醒与体验是美丽的

书香乐苑里的孩子们如饥似渴地阅读着，鼹鼠的好奇，河鼠的热情，蟾蜍的自以为是……孩子们看着，笑着，有时因为蟾蜍的可笑举动而忙着去跟同学分享。看着孩子们兴高采烈的样子，我心里痒痒的。

偶尔，语文课上，学生在写作业，我翻看曾幼萌书桌上的《柳林风声》，本来是想看看我还没看完的第一章，但看到曾幼萌的书时，我震惊了：每一页上都有密密麻麻的批注，或从文字的优美方面，或从情感的共鸣方面，或从自己的生活方面，虽然文字稚嫩而朴实，但情感是真实的。我平日里要求孩子们不动笔墨不读书，没有想到现在孩子们居然养成了习惯而且运用到课外阅读上。这样的阅读一定会使孩子们有更大的收获。

我设计了《走进柳林，倾听风声》的阅读指导课。

在交流中，我逐步引导学生读整本的书怎样从题目入手，猜测书的内容，引发好奇；怎样读前言、知作者，把一本书读薄；怎样做批注，理解人物的内心世界，与文中人物产生共鸣；怎样联系自己的生活实际，体会人物的思想感情，把一本书读厚等等，在不知不觉中，下课铃已经响了。

两节课下来，学生们对书中的家的温馨、友谊的弥足珍贵、小朋友之间的团结友爱都有了很深刻的体会，但因为这是第一次正式的进行主题读书会，学生的讨论书的内容方面较多，深层次的东西还少一些，但这不重要，重要的是孩子们喜欢读书的越来越多、讨论书的越来越多。

我发给学生第二本书——《老人与海》。我必须与学生一起读书（有人说，教师只是安排学生读书而自己不读，读书活动不可能取得最佳效果，我认同），认真思考主题读书会的教学设计，因为家长的期待，容不得我半点马虎。孩子们读后把感受写成一首小诗。虽显稚嫩，却是孩子的一种思考，是孩子的成长。

《老人与海》读后感

看

一位令人敬重的老人

在海上航行

在破旧的小船后

拴着一条巨大的箭鱼

一群花皮魔鬼

贪婪地啃噬

老人的胜利——

那美丽的箭鱼

看

那搏斗的场景

插着鱼叉的魔鬼身影

虽算不上刀光剑影

却着实让人胆战心惊

那减少的是鲨鱼的身影

巨大的鱼骨骸躺在垃圾场

老人结束了远航

渔民们欢呼着起航

欢迎老人的归航

那箭鱼骨骸

被误以为是鲨鱼的骨骸

受到人们的赞叹

是谁如此勇敢

他正在窝棚里打鼾

王国宁参加潍坊市经典诵读比赛获得一等奖，其他同学参加各种征文比赛也有多人次获奖，孩子们的阅读热情被唤醒，阅读为孩子们打开一扇窗，他们在阅读体验中聆听到了窗外的声音。

三、心灵的启迪是美丽的

在书香乐苑里，我们收获的不仅仅是文字的美丽、知识的传承，更多的是心灵的启迪。

难忘第一次接受捐书的情景。那次家长会上，家长们一致决定"爱心共读"启程。晚上，我带着兴奋整理第一份共读书目，电话铃响了："陈老师，我在书店里，不知买哪一本好，你给个建议吧。"刘逸铭妈妈真切地说。那天我向她推荐了《柳林风声》。周五早上，我正在学校门口值班，书店老板来找我，赠书到了，老板转告我家长一再叮嘱不要让孩子知道。我接过这份沉甸甸的礼物，知道其中的分量：刘逸铭头脑非常聪明，数学成绩很好，但就是不喜欢读书，语文成绩一直不理想，重视教育的妈妈十分着急，这是让全班共读来带动自己孩子读书啊，我感到了一份沉甸甸的责任。

我认真起草了一份《致孩子们的信》，夹到新书中，每本书上都写上"赠阅本"三个字，交到孩子们手上时，我做了一番深情演说："一位爱心阿姨赠给你们这本书，有一份深深的期待，期待大家爱上书籍。我们的生活因为书籍而充实，因为书籍而睿智，因为书籍而健康，让我们感谢爱心阿姨，并保证用心阅读这本书。"教室里掌声雷动。我又说："这掌声既是献给阿姨的，也是献给自己的，希望自己不辜负阿姨的期望。同时六年级一班读书俱乐部今天正式成立，希望大家在班级里尽情交流阅读的收获和体会，在书海中畅游。"又是一片掌声。

周五晚上，我布置了一份特殊的作业——《给爱心阿姨的一封信》，正好当时我们刚刚学过巴金爷爷写给家乡孩子的信，今天收到特殊礼物，孩子们心中正好有情感可以倾诉。周一，我急急地翻开了学生们的作业。

在信中，王国宁写道："这不仅仅是一本书，它已经超越了书的含义，这是一份关心，一份爱。我将永远珍藏，并把您的这种精神传递下去。在我心中您是最美阿姨。"

刘宜玮写道："这本书，如果是妈妈买来的，我会看过后就束之高阁，但这书是您送的，这不仅仅是一本书，它已经超越了书的含义，这是一份关心，一份爱，我将永远珍藏，并把您的这种精神传递下去。在"美的真谛"主题班会课上，我们认识了很多美丽的人：最美妈妈吴菊萍、最美女孩刁娜、最美老师、最美洗脚妹，等等，我认为您是最美阿姨。"孩子有感而发，从这件事理解了什么是美的，我想将来她一定会做一个美丽的人，书写自己美丽的人生。

赵雨晴在信中说："今天我收到您的大礼——《柳林风声》。我有很多书，但是没有一本书让我产生这样不寻常的感觉，陈老师让我们在第一页上郑重写下自己的名字以及时间，老师说将来这本书还要给小弟弟小妹妹们看，他们也会写下自己的名字及阅读时间，如果一直这样做下去，将会有多少孩子因为这本书爱上阅读？将要有多少人因为这本书成长起来？将有多少家长因为这本书关注我们的阅读？这样想着，觉得很兴奋，这是一件多么有意义的事情呀！我能参与，相信将来我也能为别人捐赠书籍，一定能，因为我要传递这种爱心，传承这种文明。"这本书影响了孩子的人生观与价值观，相信他能传递这份爱心。

看到这一句句感人肺腑的话，我由衷地高兴：家长的爱心、孩子的阅读热情就这样被点燃了。看来书香乐苑里的"爱心共读行动"不仅仅是读书，更是一种心灵的启迪。

几年来，"书香乐苑"如一艘船，载着家长的期望，载着学生童年的梦想，载着大家对语文的挚爱，慢慢行走在我们的生命里。在喧哗繁杂的时代，静下心来，以书为侣，不浮躁，不名利，有信念，有坚持，伴一路书香，享受语文的美丽。

童书，引领孩子感受生命的美好

《不一样的卡梅拉》是一套经典绘本，感谢文欣妈妈和俊成妈妈，在孩子们读《兔子坡》读累了的时候（主要是我推荐书籍没考察好），不失时机地送来卡梅拉，使孩子们幸福地阅读不一样的卡梅拉，打开认识世界的一面窗，做与众不同的自己。

又是一个午后，来到教室和孩子们共享读书时光。卡梅拉问好朋友皮迪克："我怎么听到印第安人的鼓声？"皮迪克回答："是我的心跳得太快了，因为有你在我身边……"从此以后，卡梅拉和皮迪克形影不离。

"孩子们，为什么皮迪克的心跳得那么快？""他恋爱了！"学生异口同声！啊，这是二年级的学生哎，他们怎么……"老师，你忘了，青蛙弗洛格恋爱的时候就一会儿冷一会儿热的，心怦怦直跳吗？那是恋爱的滋味。"哦，一年级时，我和孩子们共读《青蛙弗洛格的故事》，有一个故事是《奇妙的滋味》，瞧瞧，现在的孩子从小就知道恋爱的感觉。

我觉得有必要做一下引导："恋爱是世界上最美好的感情之一，语文课上学过揠苗助长、徒劳无功、瓜熟蒂落、水到渠成。那什么时候恋爱是水到渠成呢？"孩子们这下被问住了。"我们从上学开始，会遇到很多异性朋友，我们互相帮助，这种美好的感情是友谊。等我们考上大学，会遇到自己特别喜欢的异性，就会产生像皮迪克一样的感情，那就是恋爱了，那才是水到渠成。"这帮小家伙居然偷偷地笑，我说："请同学们记住，恋爱是从大学开始的，大约二十几岁吧。"

孩子们又迫不及待地开始读故事了。他们读书时不再跑跳、打闹，不再和同伴嬉笑，心中只有主人公，和他们一起哭，一起笑。他们不关心什么时候恋爱，关心的是卡梅拉怎么样了，关心卡梅拉又遇到了什么新鲜事，又遇到了哪个好朋友。

这是不是孩子们和书中的故事恋爱了呢？

童书，让我做个幸福的"擦星族"

在和孩子们讲故事的生活中，我和他们一起笑泪歌哭。好故事给人带来的不仅是美妙的阅读体验，还有对成长的启迪，对意义的探寻。换句话说，故事是呵护童心的重要方式。美国艺术家谢尔·希尔弗斯坦说过："总得有人去擦亮星星，它们看起来灰蒙蒙。"我愿意做一名"擦星族"。

这是一个充满阳光的冬日，我带领一帮孩子来到陌生的礼堂，一起走进张之路爷爷的《傻鸭子欧巴儿》，一起走进一个有笑有泪的童话世界。

和孩子们一起读童书已经有一段时间，一直都是我读孩子们听，而后孩子们自己读，这样的方式孩子们很喜欢，因为他们愿意偎依在讲桌前，蹭蹭我的衣角，回报我一张笑脸。我也乐得和孩子们一起与故事中的人物同悲同乐，孩子们软软的小手、软软的身体接触到我的时候，我有一种久违的母性迸发，觉得偎依在身边的不是学生，而是小时候的儿子，感觉很幸福。

接到教研室的任务——为潍坊市语文主题学习现场会提供公开课，展示如何向学生推荐经典图书。我很忐忑，不知道平日里就这样给孩子们读书讲故事算不算是推荐书，这样随意的方式能不能登上大雅之堂。但我可以肯定的是，孩子们很喜欢这样的方式。

接受任务后，我开始寻找孩子们喜欢的图书——我们刚刚一起读过《不一样的卡梅拉》系列丛书，孩子们好喜欢与众不同的卡梅拉，大小卡梅拉们执着地追求那些种群中认为不可想象的事情。孩子们被卡梅拉们精彩的生活深深吸引，乐此不疲地一遍又一遍地阅读着，幸福着。看到孩子们的阅读热情，我决定从动物童话入手选择。看了几本这种题材的书籍后，我发现张之路的《傻鸭子欧巴儿》中的欧巴儿不单单因为他有独特的经历而与众不同，更多的是因为他拥有善良、友好、乐于助人、勤奋等优秀的品质。我觉得在妙趣横生的故事中得到思想的启迪也是阅读的重要功能，所以决定推荐这本书。

我细读文本，精心绘画插图，一遍又一遍地与欧巴儿对话，明确故事仍是推荐的主要方式。于是我走上讲台开始这一节经典图书推荐课。随着我的讲述，一幅幅色彩绚丽的图画带领孩子们进入"翠湖养鸭场"，紧接着是一段故事录音——《鸭子的觉醒》，傻鸭子闪亮登场，孩子们开始猜测鸭子的命运：这样一只傻鸭子被重重地摔到地上后会有怎样的命运呢？故事录音把傻鸭子与肥猪的对话惟妙惟肖地展现出来。吃过洗衣粉的傻鸭子的命运由孩子们猜测后我再讲给孩子们听，意想不到的事情把孩子们深深吸引，只见一张张小脸痴痴地盯着我，期待着故事的进展。

故事到这里戛然而止，接下来由他们自己读故事。这时候孩子们已经被吊足了胃口，如饥似渴地读着，笑着……

接下来的环节是张之路爷爷让大家编故事。孩子们的小手举得高高的，仿佛自己成了真正的作家，想象的翅膀带他们飞得很远很远……

这节课前的忐忑一扫而光。单单看一看孩子们兴奋的小脸红通通的、下课后不愿离开座位、叽叽喳喳在讨论这只傻鸭子的未来的情景，我就知道孩子们喜欢上了这本书。这样的推荐不就是成功的推荐吗？做教师的我们不应该为能带给孩子这样一份礼物而幸福吗？

儿童阅读不能等待，只有让孩子从阅读中获得知识和信心，他们才能以饱满的激情和充分的自信去迎接世界，才能拥有一个美好的将来。让我们做擦星一族，为孩子打开一扇童话的窗，透一缕光照进他们的心灵，和孩子一起感受故事的乐趣、童话的魅力，幸福着我们的幸福，快乐着他们的快乐，相信将来他们会自己找到太阳。

童书，颠覆了我的课堂

2012年2月15日，第一节课是语文课，开学后学生明显感受到毕业的压力，课堂听讲效果不错，课程进行得很顺利，仅用两节课就结束第一课的学习。学生的预习已经成为习惯，质量也不错，昨天晚上让他们预习第二课，今天就来交流。

《三亚落日》一文我以前没有读过，前一天备课时认真读了这篇课文，觉得是很美的景色，很美的文字，值得学生们朗读积累，便决定不再啰里啰唆地讲，只是让学生谈谈之后读读背背即可。

上课后，学生照例读课文、默生字，我来掌握学生的预习状况。三个学生上台默写生字，全部过关。

接下来交流预习体会。第一个站起来发言的是白龙雨，他上学期进步明显，学习上常常有自己独到的见解。"我非常喜欢《三亚落日》，以前读过很多文人墨客描写的落日，但大多把落日描写得很伤感，比如元代马致远的《天净沙秋思》中写道：'枯藤老树昏鸦，小桥流水人家，古道西风瘦马。夕阳西下，断肠人在天涯。'呈现的画面是夕阳即将落下地平线，远方一马上的行人在孤独地赶路，但却路途遥遥，不知所向。整首曲中渲染了一种凄冷悲凉的氛围，表达了游子的思乡之情。唐朝刘长卿的《秋日登吴公台上寺远眺》中'夕阳依旧垒，寒磬满空林'。夕阳衬旧垒，寒磬衬空林，旧日辉煌的场所如今十分凄凉。宋朝范仲淹的《苏幕遮·怀旧》：'碧云天，黄叶地，秋色连波，波上寒烟翠。山映斜阳天接水，芳草无情，更在斜阳外。黯乡魂，追旅思，夜夜除非，好梦留人睡。明月楼高休独倚，酒入愁肠，化作相思泪。'夕阳下的相思愁苦凄凄连绵，让人很沉重，无奈。而这篇文章作者却反其道而行之，将夕阳比作'调皮的孩子'，在海面上跳跃着，让我觉得非常绝妙，我更喜欢有如此生命力的落日。可能作者更能体会孩子玩耍过一天后红扑扑的脸蛋与不愿回家的心情，多么贴切！"他的回答赢得阵阵掌声。他特别喜欢古典文学，旁征博引往往让同学们佩服得五体投地。

刘宜玮迫不及待地发言："我更喜欢落日像个孩童是因为这个孩童懂得与人分享，如果单单是一个不愿回家的孩子，不会那么讨人喜欢。他的可爱在于，天和海都被他的笑颜感染了，金红一色，热烈一片。那么富有感染力的孩子，把自己的快乐与海和天分享，大家才那么喜欢他，不舍得他离开。"本来刘宜玮就是我们班里最可爱的女孩，那么宽容，那么友好，总喜欢与人分享她的快乐，读书时她有自己的价值观，读出了自己的精神世界，这才是读自己的书。

看到林立的小手，我决定不再啰唆，给他们机会——谈谈自己的感受：落日的跳水员一样的高超技艺，没有溅起一点水花，自己可做不到；大红灯笼般的火球跳蹦蹦床，那张床一定特别舒适，我都想试一试……这节课真的不用教师再说什么，学生读出了自己的落日，优美的语言征服了孩子，他们争相背诵自己喜欢的语句，热闹而不失竞争的激烈，没想到对写景类文章孩子们有这样深刻的共鸣，这就是语言的魅力吧。

孩子们的发言颠覆了我的备课，我很欣慰，同时颠覆的还有传统的教学方式。看来平日大量的积累、开放的课堂、积极的预习指导都起到了助推作用。期望每节课上都能生成这样的精彩。

第八辑

8

学习，原来这么好玩

问题不在于教他各种学问，而在于培养他有爱好学问的兴趣，而且在这种兴趣充分增长起来的时候，教他以研究学问的方法。

——卢梭

让孩子快乐的秘诀是让他的兴趣尽量扩大，我想尽办法让语文课别出心裁，妙趣横生，让孩子们喜欢语言文字，爱上祖国的传统文化。

呵，我的名字真有趣

又到了中午给孩子们讲故事的时间，我拿起刚读过的《青蛙弗洛格的故事》，心里想着孩子们随着故事或惊喜或难过的表情，情不自禁地笑了——多可爱的孩子，多纯真的童心，好听的故事就是他们的最爱。我的脚步顿时轻快了许多。

踏进教室，一个男孩——闵祥钊向我走来。这个男孩总是有很多好玩的事情告诉我，什么昨天读过的故事，什么小姨过生日，什么爸爸出发，等等，我都会耐心地听完，而后摸摸他的小脸蛋，会意地笑笑，他就会满意地回到座位上，接下来的故事他听得格外认真。多好的孩子！

"老师，我有一个有趣的发现！"那语气，简直像发现了新大陆。

"说说看，你的大发现。"我也随着故弄玄虚。

"我的名字里有两个偏旁！"他一脸的得意。

"什么？名字里有两个偏旁？"我有点没听明白。

"今天您教我们认识了金字旁，那天教我们认识了立刀旁，你瞧，我的名字中的'钊'字中既有金字旁，又有立刀旁。"兴奋之情溢于言表。

"哦，真是的，我居然没有发现，你太厉害了！简直就像孙悟空一样有一双火眼金睛。"我的夸奖让孩子心里乐开了花。

看到孩子那骄傲的高高昂起的头，我也好开心。忽然有一个想法：今天的故事可以不讲，能不能让孩子站到讲台上讲讲自己的发现？我和孩子商量时他居然不答应，他说自己不行，不好意思站到讲台上。是啊，孩子只有六岁，这可能是他第一次站到台上。我鼓励他，说大伙都想听听他的发现。终于，他怯生生地开了口，几句话后那种骄傲就又出现了。

"老师，我也想说！"

"老师！我的名字也很有意思！"

教室里孩子们都迫不及待地想与大伙儿分享自己名字的特点，我索性收起故事书，把时间交给孩子，让他们同桌、小组交流自己名字的特点，孩子们在兴奋地讨论交流中认识了新朋友，认识了好多生字，他们好兴奋。

哦，原来名字也好玩。

做个主播很美丽

暑假开学后，班上的刘宜玮神神秘秘地告诉我，教师节那天她会发一份礼物到我的邮箱。果然，9月10日我收到一封邮件，是十段音频文件，打开后才知道原来是孩子在暑假里想念学校生活，想念老师、同学，把在家里生活的点点滴滴录成音频资料，取名"天天想你"，就像每天跟老师说话一样。

我静静地听，感觉就像沐浴在春天的阳光里那样温暖、幸福。你听：

"老师，今天给你讲一讲我那粗心的小表弟吧。六岁的他去超市买来一袋话梅，居然高举着说：'姐姐，我请你吃活梅。'哦，活梅，我还是第一次听说这种食品，忙饶有兴趣地放下手中的书跑过去看，原来他拿着的就是一袋话梅，他把'话'认成'活'了，是不是一个粗心的小孩？"

"老师，我看电视上说，有一些制作米线的不法厂家为了提高利益，竟然在米线里掺杂了塑料，吃了这样的米线，轻者会闹肚子，严重的会有生命危险。这些厂家为了利益居然不顾人们的健康，太可恶了。老师，以后可要少吃米线呀。"

"老师，我家狗狗生宝宝了……"

"老师，我家后山上有一种特别好看的蓝色小花……"

多么温馨的节日礼物！字字流露真情，句句饱含思念。感动之余，我发现这是一种很好的交流方式。在信息技术发达的今天，用这样的方式记录自己的生活，孩子们不是更喜欢吗？于是我请刘宜玮做介绍，号召大家用自己喜欢的方式记录生活中的发现。

孩子们居然把这种方式发扬开来：学过《烟台的海》后，小组合作以录音的方式做导游；读了一本好书，在家里录好一段推荐语到学校电子屏上播放；同学过生日，录好祝福语后赠送给同学；把自己身边的新鲜事录制下来，自己过一把主播瘾……他们为了让自己制作的节目更好看，居然研究主播们的一颦一笑、一字一句的发音习惯，争着做最美丽的主播。录音、录像游戏激发了孩子们观察生活的兴趣，丰富了孩子们的生活，实践活动使孩子们快快乐乐学语文。

旅游中的PPT比赛

我喜欢旅游，儿子和班级中的学生差不多大，每到寒暑假，我总会约上几个学生和儿子一起出去看看。途中，我要求孩子们用相机记录美好的瞬间，回家或途中休息时，就和孩子们进行PPT制作比赛。

途中的游戏、窗外的风景、景点的人物都成为孩子们关注的焦点。要想PPT获胜，就需要有独特的视角。孩子们观察着，捕捉着，记录着。孩子们的作品中不仅比摄影的技术，还要比配文的精彩，一般回家一周后就要展示作品。这一周时间里孩子们忙着查找资料、制作作品，那股兴奋努力劲儿，比写游记高得多。

"因为汽车晚点，我们在建行门口等了一个多小时，但我们因结识了新朋友而兴奋得不得了，大家在一起打扑克，一点也不觉得无聊。我们显得比大人还有耐心。"这是几个孩子蹲在地上打扑克的照片配文。PPT比赛中，孩子们学会记录独特的感受。

大连海边，我和孩子们捡贝壳、鹅卵石，孩子们给照片的配文是："我们在海边捡石子，总对一些有棱有角、奇形怪状的石子爱不释手，而大人为什么喜欢圆圆的、光滑的石子呢？这是不是意味着我们的审美观不同？"孩子们有自己的思考。

孩子们在旅顺狭小的入海口前留影，旁边的配文是艺术字体"一夫当关，万夫莫开"，好不威风。

……

这样的经历将成为孩子一生的财富。

我要参赛

每个学期学校都会进行写字比赛。我对新接手的一年级孩子们的写字教学格外重视，从板凳位置的调整到执笔的姿势，从每个笔画的书写技巧到一个字的结构，从书面的整洁到本子的整齐，我都会手把手地教。尽管孩子们写字不多，每天就写三四个笔画很简单的字，但我从姿势的规范、起笔的方法、收笔的效果以及铅笔粗细的适中等不同方面表扬孩子，常常在写字本上工整地写上鼓励的话，甚至会写上："你写得这么好，简直就是一个小小书法家嘛。"孩子认识这些字，却故意拿着本子问："老师，老师，这是什么字呀？"我笑而不答，孩子就会自顾自美美地念起来。也有些孩子认真写几个字就拿着给我看，扬起稚气的小脸问："老师，您说我能做个书法家吗？"尽管孩子的书写有些笨拙，但我不忍打击他的积极性，总会摸摸他的小脸，笑着说："当然，书法家小时候都没有你写得好呢。"孩子总会心满意足地朝小伙伴努努嘴，蹦跳着回到座位上。

这天下午是学校的写字比赛时间。中午，我接到李明芮妈妈的电话，说孩子发烧39度，需要请假到医院去打点滴，我答应了。一上课，我正要去监考，李明芮妈妈又打来电话："陈老师，孩子烧得厉害，但哭着坚决不去医院。她说她写'书''本'最拿手，老师表扬过她，她一定要参加写字比赛，争当小小书法家。我把孩子送到学校了，麻烦您好好照看她。"我快步走到教室，一眼看到坐得端端正正的李明芮，小脸烧得通红，但腰板挺得很直。我走到孩子跟前，摸摸孩子的头："发着烧呢，坚持不了赶快告诉我啊。"孩子用最响亮的声音回答："没事，我要好好写字，争当小小书法家。"一副必胜的姿态。我的眼角不禁湿润了——这个孩子入学时连名字也不会写，我曾经手把手地教她拿笔写，有一次写"书""本"两个字时，"书"写得挺漂亮，我把作业本拿到实物投影仪上投给大家看，表扬过她。从那以后，她每天中午到教室就写字，就是为了在比赛中获得好成绩。相信"写好字"已经成为这个孩子的内心渴望。

谁曾想，一句鼓励的话居然对孩子起这样大的作用，连生病都要坚持参赛。唤醒一个孩子主动学习的意识也许是为师者一句不经意的话。

寻　找

　　二年级下册第一单元以春天为主题，学习完课文后，很多教师都会让学生像课文中写得那样，到大自然里找找春天。我亦然。

　　周末很暖和，阳光明媚，春风拂面，我来到青州最大的植物园也来找找春天，可遗憾的是草没绿，花没开，只看见小溪里的水哗啦啦流淌，心中有些愧疚：自己没有找找看就布置学生找春天，现在哪里有春天的影子啊！

　　周一把学生们的日记收了上来，日记中有很多第一单元课文和拓展阅读中的好词佳句，但是大自然中哪有"红的花，绿的草，赶趟儿似的聚拢来"的景象，哪里有"迎春花吹起了小喇叭，桃花绽开了笑脸"的热闹，明明孩子们没有看到，却用笔写了出来。课标中指出：低年级学生要观察大自然，表达自己的观察所得。学生刚刚开始练笔，却在用自己的笔复制别人的观察，这可是不小的问题！

　　"我在奶奶的小花园里找到了春天。奶奶去年种的菠菜干枯的叶子中间冒出了点点嫩芽，蒜苗也开始变绿了，花园周围的月季花的枝头有了一个个紫红的芽苞。"郭一诺在日记中写道。

　　"虽然我没见到春天的色彩，但是东南风吹在脸上很舒服，不像年前北风吹在脸上生疼。"刘笑宇写出了自己的感受。

　　这不就是春天吗？春天在孩子们的眼睛里，我找到了！我找到的还有孩子们的感觉，我赶紧拿着这两名学生的日记到教室范读，从他们得意的表情中我寻找到孩子成长需要的鼓励和启发。

　　告诉孩子观察需要用眼睛，用鼻子，用感觉，更需要用心。下课后，孩子们欢呼雀跃着涌出教室，不一会儿就陆续回来了，"老师，花坛下的麦苗开始有精神了！""老师，玉兰花快要开了！""老师，有一只小鸟在枝头叫，那是春天的使者吗？"这就是观察，孩子们用心品味着语文，用心感受着生活，这是本次练笔我找到的最珍贵的东西。

我在努力寻找，寻找适合孩子们的教学方式，寻找语文本真的东西。孩子们带着我找到了生活与语文最恰当的链接。

"书香乐苑大讲堂"里的小老师

从我给孩子们读绘本，到孩子们自己读拼音读物；从我给孩子们推荐好书，到家长捐助图书；从我领孩子们开展主题读书会，到孩子们自己主动请缨，我们经历了三年的时间。现在，每周一早上看到孩子们争先恐后地拷课件，做准备，登台演讲，我常常感叹：唤醒他们的成长自觉比教给他们认识几个生字、读过几篇文章重要得多。

暑假一开学，我受邀到潍坊开发区锦绣学校讲课，期间与科研室李婧老师交谈，她说她的学生一般自己制作课件，自己组织班级读书汇报课。看到李婧老师灿烂的笑脸，学生们说起自己的读书汇报时满脸的自豪，我深受启发。三年的时间里，我带领孩子们上读书交流课，每次都是我备好课，做好课件，再到教室一页页翻动课件，讲解，再讲解。先不说我周末大量的时间用在了做课件上，更不说我上课时的口干舌燥，单说那一页页精美的课件孩子们是否看得懂，那流畅的环节孩子们是否真喜欢，我从没有想过，还自以为是。

回校后，我先找"读书之星"郭一诺商量："下周一的读书课你来做小老师怎么样？""啊？不行不行！"她想也不想就回答。这一定是我平日里没有给过她机会，她也就没有勇气开始第一次。

"你来说说老师带你们读书交流时都是怎么做的。"我试探着引导她，"你最喜欢《西游记》里的哪些情节？"

这一问，她便滔滔不绝地说起来。

"好，下周的读书交流课，你就把刚刚说的说给同学们听吧。当然，好老师还可以做个课件，让同学们看得明白，听得清楚。"反应敏锐的她一点就通，只一个课间的工夫，她已经完全明白该怎么做了。

周一早上，郭一诺拿着U盘到计算机上拷课件，一同来的还有刘婧怡、左亦晗。

"怎么，你们都要汇报吗？"

"那天，你跟郭一诺说的话我们都听到了，我们也要试试！"

望着踌躇满志的她们，我哪里能拒绝？我只有给她们服务喽！

就这样，虽然稚嫩，但让人欣喜。孩子们开始有了自己的思索，没有布置，没有强制，每周一他们总是早早到校试课件，做准备，就连调皮鬼李信广、赵鑫阳、王福浩都登上了"书香乐苑大讲堂"。

在学习工作中，我意识到："教室"是个充满魔力的词语，教室就是师生的愿景，是决定每一个生命故事平庸还是精彩的舞台，是师生共同穿越的所有课程的总和，它包含了论及教育时所能想到的一切。齐鲁名师常丽华老师说："因为新教育，我有一个朴素的理想：让每一个生命都在教室里开花；让每一个孩子能在清晨醒来时，对即将开始的一天充满期待和向往；让每一个孩子结束一天的学习回家时，能对教室充满留恋和不舍。"

教师要好好利用教室这个阵地，发挥它最大的作用。活动带给大家深深的思考，唤醒了学生和家长吟诵诗歌的欲望。于是我们有了"春天里，我们相遇"的亲子诗歌朗诵会，有了每年一度的新年新诗会。

班中曹元泓国学知识丰富，于是专门为他开设了一堂课。他为同学们讲解篆书的特点，讲传统小故事，背诵《前出师表》《岳阳楼记》等经典诗词，用篆书写的对联书法老师都竖大拇指，孩子们仰慕的同时纷纷拿笔拜曹元泓为师，与曹元泓一起练书法、背经典。曹元泓也因此更认真地听讲，更工整地写作业了。

主题训练让中年级习作有趣

"咬笔杆，皱眉头"成为学生习作时的标志性动作，学生觉得作文难写，无话可写，更谈不上喜欢了。教师们谈起习作教学，也很苦恼：费了近一节课的时间进行写作前指导，学生却仍不谙此道；批作文批到"诈尸"的地步，学生却没有多大的长进，语文教师因为作文教学成为学校教学中最累的群体。如何运用语言是语文教育教给学生的最基本技能，实际教学中为什么出现如此尴尬的局面呢？

究其原因，主要是习作前缺少生活的或语言的准备；习作指导时往往从成年人的角度挖空心思进行理性的、程序化的指导，学生觉得高不可攀，满头雾水；批阅时往往是老师泛泛的评语，剃头挑子一头热；讲评课仅仅是个别优秀学生的舞台，与大多数学生无关。习作就这样一步一步变得索然无味。

中年级习作教学中，我们牢记小语姓"小"，要根据学生的认知特点，从小处着眼，我提出用主题学习的理念指导教学，扎扎实实进行段落训练。训练中先为学生揭示习作情境，然后提供相关例文段落，供学生领悟写法，开阔思路，提倡自由表达，以"把话写通顺，把一件事情说清楚，不写错别字，标点正确，认真誊写"为要求进行片段训练。这样的训练使重心降低，起点低、要求低，贴近学生的生活，仿佛金字塔，夯实了基础，激发了学生的习作兴趣，使成功习作成为触手可及的事情，使表达成为内心的需要。

一、给学生搭建台阶——在段落训练中夯实基本功

纵观中年级教材，编者依据文本的语言特点，安排一定数量的读写结合训练，如仿写某个自然段，学习写景文后安排写景习作等。我们训练的重点是"言之有序，言之有物"，让学生通过阅读学习相关主题的一组段落，了解几种基本段式，着重引导学生感知分析"承接"（"言之有序"的训练）和"总分"（"言之有物"的训练）两种重点段式的结构规律，结合学生的生活实际进行段落写作训练。

1. 技能迁移训练

中年级以自然段的教学为重点，教材中许多重要语段在遣词造句的方法、连句成段的顺序上，堪称"典范"。同时，中年级处在向高年级过渡的重要阶段，学习作者选择材料、连段成篇等方法，也应是"读中学写"的重点。我根据教材的写作特点让学生读写结合，技能迁移。

《花钟》（人教版三年级上册第十三课）第二自然段，围绕"不同的植物为什么开花的时间不同呢"一句展开，先写植物开花时间的科学依据，又举例写昙花夜晚开花的原因，最后写与昆虫活动时间相吻合的花朵的开放。对于这样总分式结构明显的语段，我采取主题学习的方式，让学生在读中感受到这种鲜明的结构形式，进行"技能迁移"，为学生提供运用这种技法的情境，让学生写一写"广场上的人们真热闹啊"，学生就能做到言之有序。

2. 文档扩充训练

文本有许多空白点，有些是作者的有意"留白"，也有些是为了避免重复，还有些受人称等叙述角度的限制。这时，教师就可以文本为例，为其"添枝加叶"，扩充文档。

《富饶的西沙群岛》第四自然段中描写海底的鱼用"有的……有的……有的……"的句式描写了鱼"好看"和"多得数不清"这两个特点，而第五自然段中写"捡不完的美丽的贝壳"却只用了一句话，这时候就让学生仿照第四自然段的方法写一写海滩上的贝壳，写完后再思考作者为什么不这样写，体会作者为了避免重复、给读者更广阔的想象空间等布局谋篇的独具匠心。

在这一单元的学习中，还有这样的文章。比如通过主题阅读学习，学生充分感受到作者留白的用意，同时在扩充文档的训练中，训练了想象力，发展了语言表达能力。

3. 即时写段训练

在生活中，抓住一个场景或一种景物进行片段训练。课间有两个学生闹矛盾，吵得不可开交，我到教室为他们处理，学生都看在眼里。我及时让学生根据从《灰雀》一课中学到的人物对话的不同写法描写这个场面，写完后读给闹矛盾的同学听，这时他们早已经忘记了刚才的不愉快，红着脸笑了。这样做既处理了纠纷，又练习了习作，学生很喜欢，一举两得。

段落训练最大的好处是时间短，有例子可以学习，学生会写、乐于写，同时训练了学生对细节的关注，为学生的习作搭建了成长阶梯，进入高年级后就不觉得写作困难了。

二、"给"学生一双慧眼——丰富的生活是习作的源泉

1. 在主题活动中提高

学生喜欢玩，尤其喜欢和老师、家长一起玩。我常常有意识地组织捉迷藏、踩气球、贴鼻子的游戏活动，家校联谊活动，以及各种参观游览等主题活动。活动中，我有意引导孩子感受自然界的声音，观察花朵的花瓣、花蕊，注意树叶的不同形状，欣赏同学捕蚂蚱时灵敏的动作，引导他们学会按顺序观察细节。活动后及时总结，回忆同学们在活动中的各种表现。学生们你一句，我一句，童言童语常常让人忍俊不禁。这样既增进了家校、师生之间的感情，又为学生提供了习作的素材。有了这样的过程再让学生拿起笔来，他们就感觉到写作并非是一件难事，而是一件快事了。

这是学生的习作片段：

在小路的旁边有许多许多的格桑花，花瓣有八片的、有六片的、有四片的。颜色有淡粉色的；有玫瑰红的；有边缘是淡粉，中间是玫瑰红，两种颜色相间的……红红的花瓣和中间金黄色的花蕊形成了一个圆圆的太阳。

——王泉博

2.在主题交流中收获

我们每周一节交流课、每节课前两分钟的交流为孩子们打开了习作的思路。读过一本书后的感受、学到的一句美妙的文字、自己的新发现……他们生活的点点滴滴都可以到讲台上来说一说，没有批评与斥责，有的只有鼓励再鼓励，孩子们在台上叙述着自己的见闻，在台下学习别人的优点。日久天长，他们懂得用自己的眼睛发现生活中的美，读书时捕捉优美语句。周一交流时，郭一诺说看到一位新郎骑着高头大马迎娶新娘，他穿着长袍马褂，戴着大红花，很有意思；周二交流时，左亦晗就读了一段结婚场景的美文给大家听，接着张梓钧给大家介绍自己收集的古代人结婚的习俗……就这样，他们在各自的启发下探索、发现。

3.在主题实践中感受

孩子们的世界是个奇妙的世界。我和他们一起养蚕、种豆、种西红柿、养荷兰猪、养金鱼……在照顾它们的过程中，我们一起面对生命的成长，有悲伤，有喜悦，有共同讨论的话题，写日记成为孩子们最快乐的作业，这样的经历也成为童年一笔宝贵的财富。

学生的日记片段：

为了保持绿豆生长需要的水分和温度，我给这些小精灵做了一座"绿豆房"。"绿豆房"是用纱布做的房顶，杯子做的墙壁、地面，里面是老老少少少少组成的大家庭，绿豆娃娃们每天在里面快乐地成长。

——高小婷

我在手上放了几片桑叶，轻而易举地把蚕宝宝引到了上面，贪吃的蚕宝宝不知道这是陷阱，高高兴兴地准备吃食物。当蚕宝宝完全爬上来时，我轻轻把手掌朝下，桑叶掉了下去。蚕宝宝看到饭菜不翼而飞，急忙向下仰着身子，眼睛紧跟着食物向下探去。哈，滑稽的蚕宝宝在我的引导下表演起了飞檐走壁。只见蚕宝宝紧紧贴在我的手上，脚像生了根似的与我的手掌粘在了一起，怎么也掉不下来。我把手掌立起来，蚕宝宝依然没有害怕，到处爬来爬去适应着新环境，就像蜘蛛侠一般有了超能力。

——曾幼萌

三、给孩子一支妙笔——充分的准备是习作的保障

1. 主题积累获得丰富的语言

我们经常发现学生观察过了，读过背过了，但表达时却用不上积累的东西，这就是无效积累。我引导学生通过读书会的形式进行有效的主题积累：课前根据习作需要收集短小精悍的语段，课上和学生一起读读背背，学生进行摘抄，教师对摘抄进行点拨，学生对自己的理解进行发言，交流中明确如何运用，形成有效积累。经过这样的过程，再进行片段练习时，学生就会运用，在运用中得到鼓励，学生印象深刻，逐渐就会自主运用，这样的积累使学生的语言丰富起来。

除了让学生在读书会上积累之外，我还督促他们养成良好的自觉学习的习惯，从生活中去领悟、去积累，引导他们掌握更多的学习方法。比如从互联网上查阅资料、做实验、咨询别人、在旅游或外出时留心观察并做记录，等等，这样既丰富了学生的见闻，又帮助他们获取了真实生动、记忆深刻的素材。这样经过长期的积累和内化，学生写作的语言资料库不断丰富完善，写作时遇到的障碍就会大大减少，习作也能生动起来。

瞧，这是学生的习作片段：

啊！一条大约长30厘米、宽5厘米的大鱼，缓缓地游来，它的身后跟着几条稍微小一些的鱼，有的鱼长大约10厘米，银白相间；有的鱼比它稍微小点儿，是红色和白色的；还有的鱼才5厘米长，全身发出黄澄澄的颜色。顿时河面热闹起来了，大大小小的鱼儿，有的排成一个十字，有的形成一个圆形。我不断地把食物洒向水面，鱼儿你争我夺，它们吃得开心极了。

——铭阳

2. 主题预习开阔习作的思路

习作内容可以提前布置给学生，指导他们去观察，让他们提前思考，甚至可以让他们有针对性地去找找相关的范文或者和家长聊聊习作的话题。例如，三年级上册习作五，写写自己知道的传统文化，我就结合综合性学习提前布置给学生，让他们回家查找资料，和爸爸妈妈聊聊他们知道

的传统文化，也可以查找资料，了解自己喜欢的传统文化。我们还进行分组，相同兴趣的同学互相聊一聊你知道的传统文化。这样习作课上学生觉得有话可写，我只是简单说了一下开头、结尾的技巧，学生一节课就轻松完成了习作。

四、给孩子一份肯定——有效的评价是习作的润滑剂

1. 自我欣赏，自我纠错

习作的修改很重要，教师要引导学生养成修改草稿的良好习惯。我要求学生完成习作后一定要进行朗读修改，以减少错别字和病句，并对自己满意的描写用波浪线标出，然后再拿给同伴修改。这样逐步引领学生学会修改习作，提高文采。

2. 及时评改，互相欣赏

如果习作完成后没有及时评价，学生关注的热情就会减退，时间越长，效果越差。所以学生完成习作后，我立刻进行评改。粗枝大叶地看毛病，挖空心思赏优点，捕捉优美的词句、新颖的立意、认真的书写等，第二天紧接着进行讲评。习作基础好的学生主要看立意是否新颖，语言是否有特色；细心发现习作基础差的学生的闪光点，有时是一个巧妙的用词，有时是一个独特的想法。我每次都从不同角度遴选出一部分学生进行大小不等的奖励。这样就形成了全体学生努力争奖章的氛围，习作的兴趣被调动起来了，个性化的习作也渐渐凸显出来。

3. 看懂评语，心有灵犀

每次习作本发下来，很多学生都是瞄一眼等级就罢，对于老师的修改和批语视若无睹，这对学生的习作水平的提高是不利的。我的批语字迹工整，不写套话，尽量能让学生看懂批语。另外，我耐心指导学生看修改符号，培养学生看批语的习惯。每次习作本发下来时，专门给学生点时间看老师的修改和批语，说说自己怎样理解老师的评语，鼓励学生对批语有不清楚之处，向老师问个明白。长此以往，学生养成了接受别人意见的良好习惯。

4.搭建平台，享受成功

我们教室有"习作展示栏"，学校有文学社社刊和校刊，我们经常参加各种习作比赛、向各种报纸杂志投稿等，不同的学生在不同的舞台展示自己的风采。当孩子拿着稿费通知单时，对作者本人乃至全班同学的激励是巨大的。

通过一段时间的主题学习式习作，教师从儿童的视角进行习作指导，段落训练降低了习作难度，习作要求低，使学生感觉到成功习作触手可及，愿意拿起笔来写自己的生活，习作兴趣和习作信心大有提高，尤其是他们特别期待习作讲评课，都希望自己的习作能在"习作展示栏"中展示，能发表在校刊上。我班已经有十余名学生的习作刊登在校刊上，有五名学生的习作发表在报刊上，有十几名学生在习作比赛中获奖。

在习作的带动下，孩子们的语文素养得到提升，更有自信心，他们愿意在更大的舞台上展示自己。每当有参观的客人来到教室，他们争相为客人解说，落落大方的仪态得到各方客人的好评。

主题学习式教学就是使习作教学的重心下移，进行段落训练，激发学生习作兴趣，夯实习作基础，所以切忌盲目拔高。只有起点低一些，才有更多的孩子享受到成功的快乐。但这并不是说没有目标，我们要有一个底线，就是：把话写通顺，把一件事情说清楚，不写错别字，标点正确，认真誊写。只有这样，才是真正夯实习作基础。

两个作文本的故事

如何让孩子喜欢写作，可能这是很多教师头痛的问题。我改变传统的作文评改形式，采用了"五步评价法"，运用两个作文本，把修改作文的主动权交给学生。第一个作文本让学生自己评，吸引家长参与作文评改，让大家共同评议；第二个作文本由学生认真誊抄，教师欣赏鼓励。我在读完学生的草稿后进行讲评，尤其是对每个孩子的点滴进步大加渲染，把每个孩子习作中精妙的词句制成幻灯片读给大家听。对孩子习作中迸发的灵感进行鼓励，唤醒了孩子的创作热情。

记得玮在二年级的一篇日记《逛超市》中写了这样一句话："今天，我和妈妈去超市买东西。啊，超市真热闹，就像一片海洋在动。"当时我很迷惑，"像一片海洋在动"，恰当吗？是否应该给她纠正过来。其实，孩子的这种感觉最真实、最生动，远比一句大人眼中对与错的比喻句要重要得多。

在这种小心翼翼地呵护中，孩子们放飞思绪，爱上了习作课。打开学生的作文本，作文不再千篇一律；走进作文课堂，学生的双眉不再紧锁，作文从乏味的劳作变成了快乐的创造。我与孩子一起收获着创作的幸福与快乐。

王国宁在日记中写道："我越来越爱上习作课了，每次作文都能快速、轻松地写完，而且常常得到老师的表扬、同学们的赞赏，自信心和自豪感与日俱增，内心的喜悦是不言而喻的。每一次作文，对我来说都成了一次快乐的体验。每写完一篇文章，我心里总是乐滋滋的，感到自己做了一件有意义的事。"

"喜欢文字的女孩儿，注定是乐观的，阳光的，生活的。"这是《玮的文字》中妈妈为女儿第一本习作集写的序中的话。玮喜欢写作，到小学毕业时，她已经做了四本习作集，收录了从小学二年级的信手练笔到六年级的所有成功习作近百篇。

生活好美

教学的艺术不在于传授本领，而在于激励、唤醒和鼓舞。

——第斯多惠

我是一个平凡的人，不会做惊天动地的大事，但是我可以用我的爱与责任唤醒孩子对未知的求索和对未来的渴望。孩子们因为我的鼓励，充满对生活的热爱，心底里充盈着善良与勇敢。这就够了。

拥 抱

连日来，我在教孩子们课堂常规、给孩子们读书中忙忙碌碌，时间过得飞快。周俊成是我较早认识的，他父母对他的期望特别高，一再托人嘱咐关注孩子，我理解父母的焦虑，便格外上心。

今天中午，我一进教室就看到周俊成和许闰丞两个孩子在讲台下边躺着，一个压一个，当时我好不气恼，命令他们赶紧停止并继续趴在那里，让他们想想这样做好不好。孩子一脸的恐惧，我心软了，声音也软下来："这样多危险，千万不能再这样了。"孩子答应得干脆，一溜烟回到自己的座位上。

第三节课布置作业时，我看到周俊成坐得端正，记作业记得好，叫他起来读拼音，他的声音响亮，我激动得给他加分，他坐得更直了。一会儿，一年级开始放学，站队时，周俊成走得格外好，我忍不住又夸了他几句，家长来接孩子了，没想到他居然抱着我就亲，以至于我都有点措手不及。缓过劲来时孩子已经牵着姥姥的手和我说再见了。我走到校门口，回头看看孩子，他居然还在那里和我摆手再见！

一句表扬的话，一个细微的动作，孩子会记忆深刻，会受到鼓舞，会因此而奋发。我没有什么给予你，我的孩子，但我会用我的激励，用我的爱陪你好好走。

来自老师的甜蜜

　　10月8日，早上一进教室，住宿生李信广、杨静怡等人就嚷嚷着："老师，老师，今天是王福浩的生日！"哦，那个调皮又内向的男孩不在老师眼前，他会玩闹地满头大汗，一见到老师，他又会腼腆得像个女生，一直卷衣角，不知所措。我一直寻找教育契机，但却一直没有找到激发孩子学习兴趣的方法，他的字歪歪扭扭，他上课听讲总跷着二郎腿，或削铅笔，或咬手指，就是不举手回答问题，不大声读书。

　　"哦，王福浩，祝你生日快乐！"我微笑着，用手摸摸他的脸，他腼腆得不知道要做什么好了。"你应该对老师怎么说？""谢谢老师！"虽然声音不大，但是很高兴。

　　第一节课铃声响过后，我蓦然发现，他的坐姿特别端正，我即兴演说："有一个同学，他远离父母在学校住宿，他很认真地做值日，努力地学习，今天他长大了一岁，我们怎么向他祝贺？"孩子们很有灵性，《生日快乐》的歌声已经响起，王福浩红着脸不知怎么办，我紧握他的小手一起打节拍，一起唱起来，他的肌肉放松下来，他的脸上兴奋起来。

　　整整一节课，他没有跷二郎腿，没有把手放在嘴里，一直在认真听讲。我第一次看到他的良好表现，下课后，我急忙鼓励他："你真的长大了，瞧，这一节课你的表现棒极了！你喜欢什么，下午老师送给你最喜欢的生日礼物。"孩子摇摇头，说："买什么都行。"瞧，多么朴实的孩子！我悄悄塞给他一块糖，他高兴地离开了办公室。

　　下午，我送给他两本书，我知道他喜欢科普读物，同时还买了一本杨红樱的童书送给他，在其他同学羡慕的眼光中，一下午的课他都听得很认真。

晚上，我拿了一些月饼、沙琪玛、石榴送给住宿的9个孩子，孩子们兴奋地挑选自己喜欢的东西。"老师，石榴是酸的还是甜的？"刘益豪天真地问。"肯定是甜的！"没等我回答，李忻彤抢着说。"你怎么这样说？"我很好奇。"只要是陈老师送的，酸的吃了也很甜。"哇！二年级的孩子会这样想！看来，我得好好待他们，他们如此看重我对他们的爱！

开心农场趣事多

纪校长是一位满怀教育激情的校长，他认为对学生有好处的事就会立刻行动。这不，给我们讲了一通培养学生的核心素养的问题，同时布置任务：每个学生都要参与实践研究，培养探究精神；学校置办防腐木的大花坛，每班一个，组成一个"开心农场"，班级自由种植，学生体验劳动的乐趣。

一周后，四十多个大花坛摆在教学楼后，里面已经放好肥料和充足的泥土，班主任只管领着学生播种就好。我和学生给我们班的农场取名"奇奇乐园"，一帮好奇的豆丁们都渴望在这里看他们没有见过的世界。说实话，我对种地一点儿经验也没有，就见样学样地从集市上买来茄子苗，带领学生挖坑埋下去。

我们约定，每周一升国旗结束后，我会带领他们来观察，顺带也认识认识其他班级种的植物。

每个周一，孩子们欢呼雀跃地奔向开心农场。"老师老师，这是什么？""老师，这是葱还是韭菜？""老师，我知道这是秋葵，我妈妈就种了一棵。""我最喜欢吃茄子，老师种了我最喜欢吃的东西哎。"王英睿一脸得意。孩子们在这里像一群小蜜蜂一样，快乐地穿梭，不愿离开。

又是一个周一，孩子们围在"奇奇乐园"旁边，时而低头俯视，时而蹲下身子观察，他们发现种的茄子开花了。孩子们边看边记——茄子的茎上有小刺，叶子呈手掌形，叶面光滑，反面粗糙，花朵淡紫色……他们已经学会写观察日记了。这是每个周一的固定作业呢。

看着别的花坛里的蔬菜渐渐长大，孩子们认识了肉豆须与丝瓜藤是怎样的缠绕；他们互相分享西红柿开花结果的喜悦，也目睹了西红柿患病后叶面枯萎、果实掉落的过程，明白了叶子与果实的关系；他们看到顶花带刺的黄瓜需要长在瓜架上，看到南瓜与葫芦的不同。孩子们看到六班同学种的黄瓜成熟，全班同学在一起分享黄瓜好不羡慕。我与刘老师商议，让她们班级的学生送给我们几根爱心黄瓜。刘老师欣然同意。快放学时，六班的班长、学习委员手捧五根鲜嫩的黄瓜走进我们的教室，一阵阵掌声表达了孩子们的感谢，在掌声中他们懂得了分享的快乐。我用刀把黄瓜切成一百多片，让孩子们品尝无公害的黄瓜，他们小心翼翼地拿在手里，放在眼前细细观察，舔一舔，咬一小口，再舔，再咬，似乎那是人间美味。放学时，我送孩子们到校外，朱治宇居然把一片有些黑（小手摸了又摸）的黄瓜片硬塞进妈妈嘴里："你尝尝嘛，这可是开心农场里的爱心黄瓜，我尝着特别好吃，没舍得吃完，特意留给您的。"妈妈早已感动得红了眼眶，哪里还嫌弃黄瓜干不干净，美美地品尝起来。

我们班种的茄子不能生吃是最大的遗憾，眼看着六棵茄秧上的茄子多起来，有两个已经有一拃长。看到自己种的茄子长大了，孩子们好兴奋啊。

"老师，我们是时候讨论讨论茄子该怎么吃了。"王英睿最耐不住性子。

"好吧，同学们说说吧。"我拿这帮机灵鬼没办法。

"我觉得炸茄盒最好吃。"

"炸好了也不够每人一个呀。"

"把茄子蒸熟后凉拌也很好吃。"

"我妈妈开饭店，我把成熟的茄子带回家，大家都到我家吃茄子宴吧。"

"不行不行，这些茄子怎么够四十个人吃啊。"

"……

所有人为品尝茄子犯了难，我灵机一动，准备望梅止渴："看来，这些茄子不好——品尝了，同学们今天晚上就回家都让妈妈做一顿茄子，感受茄子的美味怎么样？"

"那可不行，我们得尝尝自己种的茄子。"孩子们不肯罢休。

最后，大家一致决定，让这些茄子继续生长。学生们开展关于茄子的综合性学习，查找茄子的营养价值、做法等，孩子们忙碌起来。

　　第二天，孩子们汇报他们的研究成果，说最多的是茄子的各种做菜方法，大多数学生在家都进行了实战演练，一节课下来，俨然都成了一个个大厨。至于班级农场里的茄子，早就抛到脑后了。

挖荠菜

最近，常常感觉父母年纪大了，应该多抽时间陪陪他们。尽管周末既要洗衣服，又要陪儿子，还想睡个懒觉休息休息，但每周回父母那里吃饭，陪他们聊聊天、散散步还是能做到的。

春天，尽量吃完饭后陪他们到户外走一走。今天我们到云门山植物园逛了一圈，为喜欢照相的父亲拍了几张照片后，八十岁的老父亲兴致不减，我们又来到万佛塔，他居然和儿子一起登塔，并在塔上向下挥手，要我给他们拍照。塔下有一片麦地，很多人都在挖荠菜，我和母亲也加入其中。

"婧怡，看到陈老师没有？"哦，原来是我们班的小天使婧怡正和妈妈一起挖荠菜呢。我边挖边和婧怡聊起天来。

"你在挖什么？"

"妈妈说是荠菜，可以下面条吃，绿色又健康。"

"你以前见过吗？"

"没有，刚知道的。"

"好。那我们来观察荠菜的叶子、花、根是什么样子的。"婧怡很聪明，一会儿就说得很好。我觉得这还不够，就更深一步和她说话。

"婧怡，妈妈为什么和你来挖野菜？"

"妈妈说我好多植物都不认识，她要我认识一下荠菜，晚上还要回家做给我吃呢。"孩子一脸满足。

"那你猜猜看陈老师为什么来挖野菜？"

"你不会也不认识荠菜，妈妈带你来认吧？"孩子一脸认真地问我。

我和妈妈都被她逗笑了，"这下你猜错了。我小的时候确实也像你一样不认识荠菜，是妈妈带我挖荠菜。可是现在老师长大了，妈妈年纪大了，这么远的郊外她一个人来不了，我开车带她来挖荠菜。"女孩若有所思地点点头。

　　"等你长大了，你还来挖荠菜吗？"我接着问。

　　"我还来。那时候我开车带妈妈一起来，像您一样。"聪明的女孩边说边跑向妈妈，她们走了。

　　恍惚中，我仿佛看到又一年春天，荠菜满地的时节，女孩领着两鬓斑白的妈妈在挖荠菜。

一条短信引发的思考

2012年10月31日，我照例在梳理自己的本月反思。"滴滴"，手机短信提示音响了起来。"陈老师，感谢您对岳凯阳的鼓励与教育。"感谢我？我有些丈二和尚摸不着头脑。

稍微一回神，今天上午的一幕浮现在眼前：第二节语文课上，我发现岳凯阳坐得很端正，不经意间说了一句："今天岳凯阳坐得好，老师最喜欢他。"没想到这个调皮鬼居然端端正正听到下课，这在以前是没有的事情。这期间我又表扬了他一次。

放学的时候，同学们在操场站队，一年级还没有走完，我们就等在原地。仍然很不经意地，我又瞥见了岳凯阳，他炯炯有神的大眼睛直视着我，似乎想要我说点什么。我摸摸他的头，亲切地说："凯阳，今天一节课老师就表扬了你两次，真是好样的，谢谢你让我今天这样开心。今天晚上回去好好读书，明天还这样认真听讲好吗？"他小脑袋点个不停，似乎正等着我跟他这样说呢。

今天晚上的短信肯定是他回家向父母汇报了自己在学校的良好表现，我也可以想象他回家时的得意以及今天晚上他爸爸对他的鼓励，他读书时的专注。忽然我觉得自己很重要：一句不经意的话，一个不经意的眼神，一次不经意的微笑，对孩子可能就是一次最温暖的记忆，一次最大的褒奖，一次最值得炫耀的事情。我们做教师的有什么理由不用自己的行动唤醒孩子对学习的热爱、对学习的兴趣呢？

六年来，我和我的孩子们沐浴在书香中，徜徉在快乐里。学生是孩子，我就是妈妈，班级是一个大家庭，孩子们的幸福成就了我的幸福。

生活就是教育

孩子们进入高年级，自理、观察能力有了很大提高。我把自己童年最感兴趣的事情搬到了教室，孩子们的生活立刻充实起来。生豆芽、种冬瓜、养乌龟、养蚕、喂小鸟……孩子们照料它们，关心它们，与这些动植物成了好朋友，生活因为它们而精彩。

下面摘录孩子们的日记两则。

我们的蚕宝宝之八——排粪便

2011年5月25日星期三

终于，终于，我终于知道蚕宝宝排粪便的秘密啦。看，奇迹（我给蚕宝宝取的名字）就是一个典型的例子。只见它的身体在不停地运动着，大概在消化食物吧。身体原本是上半部分粗壮，现在把"肌肉"分给了下半部分一些，下半部分也变得粗了些。奇迹准备了一下，把臀部慢慢向上翘起，接着，下半部分的身子也随着臀部向上弯曲。当翘到一定程度时，便扭了扭身子，一颗黑黑的粪便渐渐从屁股里露出来，粪便露出四分之三时，已完全可以脱离身体了，奇迹便把臀部猛地一抖，粪便就像一枚子弹一样射了出去。奇迹的臀部简直就是发射器！粪便落地时，我仔细观察了一下：比小米粒稍大，周围却凹凸不平；远望比乌鸦的羽毛还黑，中间却夹杂着一些桑叶的残渣。排泄完之后，奇迹便很优雅地把身体慢慢放下，走到桑叶旁，继续品尝美食……

瓜果日记之一——美丽的花瓣

2011年6月16日星期四

瞧瞧瞧，窗台上的冬瓜，在阳光的映照下是如此的充满生机。那大约5毫米粗的茎上长满了白色的小刺，小刺顶部闪闪发光，仿佛非常锋利。其实，用手轻轻一碰，小刺就弱不禁风地弯下了腰，低头向你求饶，这就是它温柔的一面吧！从下往上数，一共有三朵花。看看最下面的一朵花吧，它已由金黄色变成了棕褐色，花瓣蜷缩在一起，像初冬挂在树梢上的叶子，又像一位羞答答的少女低着头。它的水分已经蒸发掉了，马上就要落叶归根。第二朵花大概也到了老年期，花瓣垂了下来，脸上也有不少皱纹。一抬头，第三朵花就映入我的眼帘。这朵花开得正旺，金黄色的花瓣在阳光下更加灿烂、美丽。5片细长的花瓣呈椭圆形，用手摸一摸，嗯，毛茸茸的，舒服极了！仔细看看，花瓣似乎有点透明，底部是金绿色的，让人感到更加靓丽、多彩。

我与孩子们在操场上的游戏也成为她们幸福的记忆。

那天，陈老师带来了三个呼啦圈。我们班的同学高兴极了，围着陈老师欢呼跳跃。老师做了个安静的手势，我们迅速站好队，其他班的同学都用羡慕的眼光看着我们，我们呢，用自豪得意的表情作为答复。这时，陈老师宣布了比赛规则："呼啦王"争夺赛每组三个人，一共有三组，计时一分钟，转的圈数最多的人进入决赛，决赛再评出"呼啦王"。"第一组，谁报名？""我！"我自告奋勇地上前报了名。紧接着，又有两位男生报了名。我想，两位男生，你们是我的对手吗？在这一组的比赛中，我以139圈的绝对优势打败了他们。

三个小组的初赛结束了，紧接着就是紧张的决赛。"下面请139圈的钟雨晴、115圈的王杰栋、127圈的刘宜玮进行决赛。"咦？居然没有比我高的分数，但我也不能太轻敌了，我要在决赛中再次打败他们。

紧张的决赛开始了，我拼尽吃奶的力气去转，可不一会儿就没有力气了，但为了"呼啦王"这个称号，我闭上眼睛，拼命地转，转，转……终于等到了陈老师喊停的那一刻。我气喘吁吁，全身没有了半点力气，站在那里大口喘气。突然，一个好消息传来，"钟雨晴转了159圈，刘宜玮125圈，王杰栋125圈，第一届"呼啦王"是钟雨晴！"伴随着女生的欢呼声，她们向我拥来，几个女生还高高地举起了我的手。我高兴极了，可我也走不动了。

现在的孩子处于家和学校两点一线之间，少了我们那个年代的挖野菜、种庄稼、放学后的游戏，但我把生活的精彩带给了孩子们，孩子们的童年因此而幸福快乐，我的教育生活因此而幸福快乐。

精神引领成长

教育的最终目的不是传授已有的东西，而是要把
人的创造力量诱导出来，将生命感、价值感唤醒。

——斯普朗格

学生在成长的过程中，犹如一只只美丽的蝶，绚丽多姿。只有学生自己最清楚蜕变所付出的那份痛苦和挣扎。在"新我"和"旧我"的摩擦碰撞中，他们有着太多的困惑、否定和难以割舍。他们需要来自家庭、学校、社会的思想引领。

会说话的教室

一天早上，我7点钟准时走进教室，看着一张张空座椅，想想刚刚入学一个月的孩子们，那么稚嫩，那么天真，心里涌起沉甸甸的责任。

接着住宿生李忻彤也跟了进来，"老师，今天是不是星期五？"这个漂亮的小姑娘扬起笑脸问我。"是呀，今天妈妈就来接你了，高兴吗？"因为是周末，孩子们可以回家，我回答得格外干脆。"老师，我不愿意回家。在学校里，有这么多老师、同学，老师就像妈妈，同学就像兄弟姐妹，我喜欢这个大家庭。"我注视着这个小姑娘，一时不知道说什么好：一个六岁的孩子，远离父母一星期了，她该多么渴望见到自己的父母啊，但是她真的已经喜欢上了学校，喜欢上了老师和同学。这是一份信任、一份爱。

我创新教育环境，力求让教室的墙壁"会说话"。教室黑板上方是个性中队——"飞梦"的标志，后墙是以孩子的实际情况设计的班志铭。整个教室的北墙是孩子们"大显身手"的展示栏，图画、写字、粘贴手工画……自己的作品能上墙那是最大的荣耀。我还将全班学生分成六个小组，在各项活动中奖励"笑脸"，每个小组成员都得到奖励时，孩子们便有机会得到两枚"笑脸"，团队精神得以彰显。我在工作中时时想教育，事事是教育。

我根据学生的年龄特点精心设计班志铭，引领学生的精神成长。一年级的孩子（尤其是农村的孩子，从没到城里见过这么多人，一入学就在学校住宿）怯生生地来到崭新的环境里，把自己的心灵紧紧包裹着，不敢敞开胸怀接纳别人，我就把班志铭定为"我能行"，用爱感化孩子，孩子们渐渐地敞开心扉和老师、同学交流；升入二年级的学生熟悉了周围环境，变得爱打扮，我及时把班志铭改为"人不是美丽才可爱，而是因为可爱才美丽"，孩子们认识到心灵美才是真正的美；到三年级了，我看到作文课上孩子们紧锁的眉头，鼓励孩子多读书，就把班志铭改为"问渠那得清如许，为有源头活水来"，书籍走进了孩子们的生活；四年级的孩子已经有了自己的主意，一致同意班志铭为"鸟欲高飞先振翅，人求上进先读书"，读书已经成为孩子们的日常需求；五年级，班志铭改为"发奋识遍天下字，立志读尽人间书"，孩子们开始立志；升入六年级，孩子们懂事了，学习更加勤奋了，班志铭就变为"天道酬勤，厚积薄发"，他们为美好的未来努力着。每学年开始，我会先和孩子们一起讨论这些班志铭，孩子们在这样的班级文化熏陶中慢慢成长，健康向上的书香班级逐步建立。

我积极向报纸杂志学习，向同事学习，聆听到窗外的声音。我认识到一个集体必须有核心价值观，才能成为有凝聚力、积极向上的集体。我们的班级文化建设成为同事们学习的标杆，很多青年教师时不时地到我们教室"参观"。

我觉得，教室是孩子们成长的地方，孩子们愉快学习，幸福成长，需要一个积极、快乐、向上的家。把班级当成自己的家，我愿意做一名优秀的家长。

特殊的班队会

每周一早晨第一节课，都是主题班队会。这一周的主题是卫生技能。

我首先出示平时早上、下午教室情况对比的图片，提出："教室变脏了该怎么办？"学生知道要打扫，但具体怎样做却不会，我的主要任务就是教给学生怎样做值日。

怎样拿板凳，怎样扫地，怎样拖地……在成年人看来这些简单得不能再简单的事情在一年级小学生这里就是课程。我耐心地示范，孩子们认真地学习，看他们学得差不多了，我话锋一转："会拿板凳、会扫地、会拖地就会打扫好卫生吗？"一个短片让学生恍然大悟：原来打扫卫生要讲究顺序！先拿板凳，再扫地，最后拖地。我接下来的一句话又把孩子们带入深深的思考："我们不光打扫卫生讲究顺序，日常生活很多事情都要讲究顺序，只有顺序合适，效率才更高。比如，回家做作业，估计一下作业时间，根据每个家庭不同的作息时间做恰当安排；妈妈做饭时先淘好米做稀饭，然后再炒菜，最后收拾厨房，一切收拾好以后，稀饭也做好了……这些都是做事讲究顺序，也叫统筹安排。我们做事情要讲顺序，才能把事情做得更好。"

一堂再简单不过的打扫卫生技能课，却上升到为学生上人生的顺序课，相信学生所收获的不仅仅是表面的技能，更是技能背后的道理。

一位名叫钰的孩子特别爱美，有一次居然为衣服搭配不合心意而不到校上课，急得她妈妈团团转。我充分准备，拍摄了同学们合用一把伞、床铺整理得整整齐齐、见到老师敬礼等镜头并制成PPT，组织了一次主题班队会"美的真谛"，教育孩子们朴素美与心灵美才是真正的美。听说班里有三个学生轮流请客，因为他们觉得朋友就应该这样，我就设计了"真诚的友谊"主题班队会，让孩子体会"君子之交淡若水，小人之交甘若醴"的道理。我的主题班队会课"爱与我们同行"在全国展评中获一等奖。

这样的班队会对孩子的一生都会有影响，这是送给孩子们一生的礼物。

鲜艳的红领巾

今年六一儿童节，我带领学生参加一年级新队员入队仪式。看着孩子们胸前鲜艳的红领巾，我仿佛又回到昨天。

5月31日，我们班举行一年一度的"我的红领巾最鲜艳"汇报会。孩子们积极举手发言，从自己的行动、语言、思想等各个方面总结自己所做的值得骄傲的事情，一张张笑脸，一次次掌声，每个人都被深深感染。这个活动已连续举办了五年，每年的六一前夕，孩子们的总结都深刻而感人。苏霍姆林斯基在《要相信孩子》中说："教育技巧的全部诀窍就在于抓住儿童的这种上进心，这种道德上的自勉。要是儿童自己不求上进，不知自勉，任何教育者就都不能在他的身上培养出好的品质。可是只有在教师首先看到儿童优点的那些地方，儿童才会产生上进心。"是的，这个活动就可以让教师看到学生的优点，也可以让孩子们感受到自己为集体所做的贡献，感觉自己是一个有用的人，是一个了不起的人，激发了孩子们的上进心与集体荣誉感，教育效果特别好。这个活动的开展得益于一次意外安排的班队会。

2006年六一儿童节后不久，学期已接近尾声，各项工作进入总结阶段，其中一项工作便是对各个班级内学校公物的检查。通知发下来，要求星期一班主任先自查，星期二学校组织检查。

我对这一项检查胸有成竹：我们班的公物一向管理得很好，一定没问题。但是周一早上，我突然发现教室后边储物柜的钥匙断在钥匙孔里！这一定会给班级扣分的。我先找班长来询问，班长茫然地摇摇头；又找离储物柜最近的学生来问，他说不知道。一连问了几个学生，都没有结果，我有些气馁。我非常严厉地说明损坏公物对班级荣誉的影响，希望大家互相监督举报是谁弄坏了储物柜的钥匙，但是教室里鸦雀无声，气氛一度紧张。我感觉可能再等下去也毫无所获，便自己找了个台阶："其实老师已经知道是谁干的，只是考验一下同学们，看谁的集体荣誉感最强罢了。我们开始上课。"学生们长舒一口气。

课后，我陷入深深地思考：该如何处理这件事呢？苏霍姆林斯基曾经奉劝年轻的教师和少先队辅导员：不要急于处罚学生，要好好想一想，是什么促使他犯这种或那种过失的。要设身处地为孩子们想一想，那么就可相信他们会通过自身的努力来改正错误的。一年级的孩子弄坏一把钥匙一定不是故意的，现在把这件事说得那么严肃，说不定早把弄坏钥匙的孩子吓坏了，他哪里还敢承认？不妨淡化处理这件事，先给孩子一段时间。我找来修锁的师傅把锁修好，在下午的公物检查中，向学校交了一份合格的答卷。

周三下午第三节课是班队会，想到学生们刚刚加入少先队，十分爱惜胸前的红领巾，每天都戴得整整齐齐，我决定从红领巾入手进行教育。

"同学们，今天我们来比一比谁的红领巾最鲜艳。"话音刚落，教室里炸开了锅："我的红领巾刚洗过。""我的也是，今天早上妈妈还给我熨了呢！""我的虽然没洗，但我的很鲜艳。"看来，孩子们很在意自己的红领巾，我心里就更有底了。

"依我看，曾幼萌的红领巾最鲜艳。"学生们诧异的目光一起转向班长。

"曾幼萌同学每天早到校开教室门，每天放学都关窗锁门，最后一个离开，她为红领巾添了不少光彩呢！"孩子们明白了我的意思，热烈的掌声响了起来。

"老师，赵庆宇同学拾到一元钱交到德育处，他的红领巾很鲜艳。"

"孙金龙见到地上的废纸就捡起来，他的红领巾也很鲜艳。"

……

孩子们的发言很热烈，我朝他们投去赞许的目光，不时点点头。

十分钟以后，我见时机已到，便引导说："同学们说高向阳的红领巾鲜艳吗？"

"不鲜艳！"

"为什么呢？"

"他昨天跟陈文刚打架了。"

高向阳的脸唰地红了。

"可老师觉得，高向阳的红领巾最鲜艳。昨天他主动向陈文刚道歉，向老师承认错误，这是难能可贵的。一个人犯了错误不要紧，勇于承认错误并改正错误就是好孩子。"

教室里安静下来，大家若有所思。

我趁热打铁："大家不要一味表扬别人，接下来，我请大家谈谈自己是怎样为红领巾添光彩的。"

学生们的发言异常踊跃，有的谈到自己认真完成作业；有的谈到自己偷懒没完成作业，到校后向老师承认错误并完成作业；有的谈自己帮助同学……忽然，白龙雨站起来问："我喜欢同桌的铅笔就拿了来用，现在知道错了想还给他，不知能不能为红领巾添光彩？"我及时给予肯定，对于他的知错就改，同学们也报以热烈的掌声。

一只小手怯生生地举起来，说话声音小得几乎听不见。程慧妍是个很内向的孩子，我走下讲台鼓励她大声点，她深吸一口气："老师，储物柜上的钥匙是我星期五下午值日时不小心用裤脚刮断的，回家后我已经告诉妈妈，妈妈给我十元钱让我交给您，请您找人修锁。可星期一到校后我又害怕您批评我，害怕同学们看不起我，我没敢说。老师，我错了。"多么朴实的话，多好的孩子！我背对着她，示意同学们鼓掌。在掌声中我抚摸着她胸前的红领巾深情地说："老师知道你一定不是故意弄坏钥匙的，也理解你那天为什么没承认错误。今天，你能自己认识到不对，我很高兴。你以实际行动为红领巾添光彩，你的红领巾很鲜艳。"她的脸红红的，但如释重负地高高地抬着。

这次班队会后，我和孩子们约定，每年六一前夕召开一次"我的红领巾最鲜艳"汇报会。孩子们喜欢这样的班队会。在我的悉心呵护下，孩子们胸前的红领巾越来越鲜艳。

作为班主任，我们有责任运用我们的智慧帮助孩子认识错误、改正错误，并保护他们美好的心灵。正如苏霍姆林斯基所说："儿童的心灵是敏感的，它是为着接受一切好的东西而敞开的。如果教师诱导儿童学习好榜样，鼓励仿效一切好的行为，那么，儿童身上的所有缺点就会没有痛苦和创伤地、不觉得难受地逐渐消失。"

有趣的PK

　　在班级管理中，常常是老师着急上火，学生无动于衷，尤其是小学生，老师的说教、各种规章制度往往只管一阵子，老师整天处于忙乱之中。我听一位家长谈自己管理公司的PK竞争经验时受到启发，在班级中大力推行PK机制，其核心点就两个字——竞争。传统的班级竞争机制往往是有一部分人永远是胜利者，有一部分人永远是失败者，只有中游学生在变化，这样就打击了一部分学生的积极性。PK机制则倡导"竞争无处不在"，让实力相当的两个或三个人做对手，谁都有可能成功，也都有失败的可能。套用一句广告语：一切皆有可能。让学生铭记"天生我才必有用"的古训，在"百舸争流"中直面竞争，不断超越自我，争做冠军。

　　我永远不会忘记第一次宣布PK机制时，孩子们每个人的脸上洋溢的期待的笑容。方案一宣布，孩子们摩拳擦掌，激动地找对手，大部分学生找自己的好朋友，也有一些学生找与自己实力相当的同学。在一片喧哗声中，我注意到幼萌、秋怡两个孩子一副茫然无助的样子。幼萌的优秀让很多同学望而却步，我鼓励雨晴放弃较弱的对手明钰，与幼萌结对；而秋怡与庆波、庆宇结对。秋怡一脸不屑：庆波经常不完成作业，庆宇自一年级就是一个很特殊的孩子，班级工作做得不少，但学习吃力，大家虽然很友善，但从不把他列为自己的竞争目标。我开始做工作：庆波虽平时不交作业，听讲也不好，但在比赛中不一定输，因为只要他愿意，这些都可以做得很好，秋怡可不能掉以轻心呢。而PK机制的评比是从各个方面进行的，赵庆宇也不一定输给别人，他可是我们班级中最热心的孩子。这样一动员，大家同意调整，并以饱满的热情开始组建小组，取个性化的名字，教室里好不热闹。

一星期下来，我安排两个班干部统计每个人的总成绩，大家好期待。结果一出来，大家喜忧各半，喜的同学洋溢着兴奋与激动，忧的同学一脸不服气，一副不服输的样子。两张脸给我留下深刻的印象：优秀的曾幼萌败在赵雨晴手下，她一脸失落，继而又呈现出志在必得的神态，相信下次能更好地投入评比。这样一个优秀的孩子，在原来的竞争制度下，几乎没有受过挫折，只要稍做努力便是佼佼者。这次PK让她感受到了压力，当然也是动力。另一张笑脸是刘庆波。他是个几乎没有尝过成功滋味的孩子。从一年级入学，他住在托管站，每周由班车接送。父母没有文化，靠摆地摊赚钱养家，从早忙到晚，既没有教育意识，也缺乏教育方法。他是个"舍孩子"，作业经常不完成，让每个老师都很头疼。从上一周给他选择对手后，我单独找他谈心，一周之后，他交作业比原来及时了，听讲也认真了。因为对手容易超越，他找到了自信。今天，他是胜利者，自然一脸的兴奋，笑成了一朵花。这是一个唤醒孩子自尊、建立自信心的好时机，我大加赞赏，并郑重向他的对手提出要求。我希望每个孩子在PK机制的引领下都能焕发新的笑容。

分享是一种力量

对于读书，大家已经达成共识：多读书，读好书，好读书，是一个人提高语文素养的必需的路径。然而每次寒暑假，读书的作业都会加剧班级内学生的差距——好读书的孩子读了很多，更加优秀；不好读书的孩子如放羊一般，越来越跟不上同伴的步伐。

今年寒假，我布置学生阅读沈石溪的动物小说系列，借助微信平台，把学生分成五人读书交流小组，由读书之星任组长，建立了小组交流群和组长交流群，每天晚上七点半到八点准时分享一天的读书心得，收到了意想不到的效果。

一开始，八个读书小组中，只有亦晗组和文欣组的全体成员积极交流，从读书的时间、感受，到读书的方法，每个人都积极发言，与同伴分享，组员互相启发。但是梓钧组、祥钊组、婧怡组、文杉组发言人数不齐，书廷组、小婷组的成员用手机一直在发表情，说笑话，效率极低。

我想，用这种方式交流，对学生和家长都是一个挑战，教师要做好引导。首先需要家长督促学生读书，监督孩子用电脑的时间；其次，组长要明确职责，带好头，在交流群中发挥正能量作用；同时老师要在班级群里教给大家分享哪方面的内容以及分享的方式。于是，我在班级群中把亦晗组和文欣组的交流截图发给大家看，启发孩子们明确交流的方向；我要求家长指导学生用电脑上微信，发言尽量不用语音，要用文字，便于日后材料的整理；我在组长群中安排组长记录好组员参与的时间及发言次数，我汇总后在班级群中公布，要求组长讨论要有效，不说无效的话。

这之后，孩子们大都准时出现在微信群中，讨论也有效多了。不太喜欢读书的福浩，每天按时展示自己的读书笔记，分享自己的读书心得，寒假除去过年前后五天的时间以外，没有一次请假。他妈妈说起这次读书讨论，激动地说："这个办法真好，福浩在家认真看书，看完后就写笔记、写心得，不管在外干什么，七点半之前必须回家，要不然就没法分享自己的读书收获了。经过这个假期，孩子喜欢读书了，也愿意与别人交流了。"我在群中及时表扬了福浩，他的劲头更足了。看来，是分享激发了孩子的阅读兴趣。

分享是一种力量，让孩子们迸发了创作的火花。孩子们看到沈石溪描述的动物的世界里那一个个感人的故事，不由得想到了自己的生活，于是微信群里出现了小兔子、小乌龟、狗、兔子等各种动物的照片，孩子们对它们的生活习性、性格特点、有趣故事津津乐道，他们拿起自己的笔学着描绘自己身边的动物。

分享是一种力量，让孩子们持之以恒地读书。有时，我们做一件事情会出现懈怠，但是每天晚上如约会一般，同伴们的如约而至，时时提醒孩子们要做足功课，才能与同伴分享自己读书的快乐。一个同学没到，组长会联系他的家长提醒孩子积极参与，我也会每日在班级群中公布讨论情况，我的坚持为孩子们的读书助力。

分享是一种力量，让孩子们明白了自己的责任。本次担任组长的八名同学是投票选举的有威信的读书能手，他们读书已经形成习惯，但不善于与同伴交流。这次担任组长，他们意识到自己积极分享读书心得可以为同伴做出榜样，组员看到组长的表现也不甘落后。组长每天分享结束后，安排第二天的读书任务，虽每个小组的任务有差别，但都很充实。看来是分享的力量使每个人明白了自己的责任。

俗话说，"和别人分享快乐，就会变成两个快乐"。同样的，和别人分享你读书的经验与心得，就会变成两份经验与心得。你把益处给别人，也会从别人那里得到益处。读书分享能够相互促进、相互激发。当思维互相激发的时候，分享就不仅仅是经验与心得的共鸣，更是一种互相支撑的精神。

如果我们在读书的路上懈怠了，请与同伴分享自己的心得，这样会获得一种力量。

第十辑　精神引领成长

创意活动给予读书力量

吉姆·崔利斯在《朗读手册》里说："你或许拥有无限的财富，一箱箱的珠宝与一柜柜的黄金。但你永远不会比我富有——我有一位读书给我听的妈妈。"阅读成为我和孩子们生命里最美的遇见。教师作为书籍与儿童相遇的牵线人，要想方设法给予孩子读书的力量，让孩子成为精神上最富有的人。创新创意的读书活动就是儿童阅读的加油站。

一、低年级活动激趣，让学生喜欢阅读

低年级以激发兴趣为目的设计读书活动，让读书与学生的生活建立密切联系，使学生在不知不觉中爱上读书。

（一）当作家创编故事

儿童想象力丰富，读到感兴趣的读物、与自己生活能建立联系的片段，思绪如脱缰的野马，从作品很快会联系到自己。比如师生共读《不一样的卡梅拉》，就让学生仿照原文说说《不一样的我们》，学生投入地编故事，俨然成了小作家，乐此不疲。学生吟诵《蝴蝶·豌豆花》的时候，不由得会仿说诗句，教师或家长根据情况可以为他们编辑自己的诗集。

（二）竞赛大比拼

读过一本书，低年级学生表达能力弱，感受难以描绘，不妨开展知识性竞赛。儿童好胜心强，正值记忆力的黄金时期，最适合这种活动。比如"背诗大王"比赛、《安徒生童话》讲故事比赛、《神奇校车》知识竞赛、《中国神话故事知多少》知识问答、"新年新诗会"诗歌朗诵比赛、"走进春

天"手抄报比赛等，这些比赛不但让学生学习了普通话，提高了朗读能力，还培养了他们对文学作品的阅读兴趣及对集体活动积极参与的意识。

（三）亲子读书会

阅读的氛围和环境对阅读行为的养成至关重要。家庭作为学生生活的场所，家庭成员的读书氛围直接影响着学生读书兴趣的养成。我把学生以家庭为单位分为八个小组，每个小组建立一个亲子阅读微信群，每晚在群里进行相关阅读书目的亲子共读。比如，读《我和小姐姐克拉拉》一书时，考虑到书的内容较长，于是根据孩子们阅读能力的不同，我建议家长可以采取：家长读一段（一页），孩子读一段（一页）的办法，还可以分角色阅读，然后把过程录成视频发到群里。我会利用每周三的阅读课邀请部分优秀的亲子共读家庭走进教室，走上讲台给大家展示他们的读书活动。此项举措使得学生的阅读活动不但有监督指导，还能通过亲子共读的方式展示给大家，所以阅读的习惯逐渐养成，书香家庭氛围逐渐创设，学生阅读的兴趣也逐渐被激发。

（四）阅读手拉手

儿童和儿童之间会有更多的共同语言，同样儿童和儿童之间才有更多的共同阅读体验。

为了激发低年级学生的阅读兴趣，我倡议了年级之间结成阅读手拉手的对子，即六年级的学生和一年级的学生结成对子；五年级的学生和二年级的学生结成对子；三年级的学生和四年级的学生结成对子。以六年级和一年级的学生结成对子为例，六年级优秀的学生可以帮扶五个一年级学生进行阅读（周一至周五每天和一名同学进行"阅读手拉手"活动），在课间的闲暇时光，这些小哥哥、小姐姐和学弟学妹们或共读一本书，或进行新书推荐，或谈读书体会，这种同学们之间的交流更亲切、更自然，而且六年的学生用自己的阅读经验从儿童的视角解读作品会更加符合儿童的认知规律。

二、中年级活动引领，习得阅读方法

著名教育家于永正曾说过，教育的另一个名字叫"影响"。要让学生会读书，可以通过活动引领学生掌握科学的阅读方法。

（一）最美主播评选

暑假里，孩子们想老师，就把每天的见闻录音发给老师；学习过《烟台的海》后，小组合作用录音的方式做导游；读过一本好书，在家里录好一段推荐语到学校电子屏上播放，自己过一把主播瘾；同学过生日，录好祝福语后赠送给同学……他们为了让自己制作的节目更好看，认真研究主播们的一颦一笑、一字一句的发音习惯，争着做最美丽的主播。班级组织最美主播评选，激发了孩子们学习语言、运用语言、观察生活的兴趣，丰富了孩子们的读书生活，使孩子们快快乐乐读书。

（二）小同伴大讲台

儿童乐于与同伴分享自己的见闻。"小同伴大讲台"是利用每周一第一节课进行读书交流汇报，展示自己的读书成果，使同伴从中受到启发。在为期一学期的梅兰竹菊的主题阅读活动中，我们读有关梅兰竹菊的诗，欣赏相关的名人字画，了解梅兰竹菊的品格，使学生们学会了一种全新的阅读方式。"动物小说阅读课程"的交流中，每周一我们交流沈石溪的动物小说，观察家里养的小动物，走进野生动物园看到的动物……在活动中学生们交流收获、锻炼自信，激发了读书的兴趣，增长了合作能力。

（三）思维导图阅读

中年级学生开始接触中长篇小说。小说中庞大的人物群体、曲折的故事情节可能会给学生带来阅读障碍，甚至会影响学生阅读的兴趣。而传统的读书笔记式的阅读方式，虽然在语言积累上发挥了重要作用，但对于阅读中长篇小说来说，则是一种低效的阅读方式，而且会消磨学生的阅读兴趣。为了使学生实现低中年级阅读意志力和兴趣持续性的过渡，我们开始指导学生接触并使用思维导图。在阅读曹文轩系列作品时，教师指导学生通过"确定中心词—引发发散思维—绘制思维导图—交流思维导图—完善思维结构"的基本流程，让学生基本上掌握思维导图的阅读方法，感受到思维导图笔记的生动性、趣味性和记忆性，能够用思维导图跟同学、家长、老师交流，达到研究的预期目的。思维导图做完要组织交流，互通有无，扩充信息，提升认识，发展能力，发挥思维导图效益最大化的优势。阅读成为一种有趣的探索历程。

三、高年级夯实习惯，阅读实现自由自觉

在儿童阅读过程中，我们发现学生阅读的质量、家长的共读跟进各不相同，高年级学生的深入阅读出现两极分化。如何使全体学生爱上阅读，我们尝试了一些做法。

（一）小组互助，让阅读走向自觉

学生投票选出阅读能力强的八个人分别担任读书组长，组长选择组员，组成读书小组。每天晚上八点到八点半为个人读书任务完成后的讨论交流时间，在微信群里，组长主持记录，组员发言，根据每个人发言的质量评小组"悦读周明星"。每个周末，小组会有半天的读书活动，总结一周的读书收获，形成PPT，周一进行班级汇报，产生"阅读优胜小组"。每月评选一次"阅读月冠军""阅读明星小组"。

在读书小组互助中，每日的讨论交流、督促评价，每周的汇报展示、持续奖励，激励着每一个学生自觉读书。同伴的督促、团队的激励评价、来自同伴的帮助都促进了全体学生的阅读，使读书走向自由自觉的"悦"读，使阅读成为一种陪伴终生的生活方式。

独行快，众行远。同伴互助的儿童阅读，解决了班级共读的难题，阅读的自愿、自由、自觉的理想状态正在呈现，有了小伙伴的牵手，学生的阅读成为精神共度的奇妙之旅。

（二）评价攀升，让阅读走向广阔

阅读评价是对学生阅读情况的一种肯定和引领。为了使学生的课外阅读逐步走向正规、系统的道路，也为了更好地评价学生的阅读能力，我们制定了学生课外阅读评价体系。借助"阅读存折"具体阐释评价标准，让学生、家长和教师都参与到评价中来，参与到学生的阅读过程中来。设置读书学士、读书硕士、读书博士三个不同的等级，引领学生有目标地读书，并且有成就感地读书。同时，给予不同阅读等级的学生一定的阅读权利，阅读小学

士可以自由朗读班级图书角的所有书籍，阅读小硕士可以走进学校的儿童阅览中心，为阅读博士提供青州市图书馆的借阅卡，在提高学生阅读兴趣和激情的同时实现阅读空间的扩大化，让书香走出家庭和学校，走向更广阔的空间。

（三）书院先生，让阅读走向自信

我们学校的历史可以追溯到明万历年间的云门书院，历史悠久、底蕴深厚。我时常用书院学子的读书故事、社会担当来教育学生，让他们懂得自己的历史使命和责任担当。那传道授业解惑的人就是"先生"，只有饱读诗书、满腹经纶的人才可以称之为"先生"，只有这样的"先生"，才可以培养出像赵秉忠这样的栋梁。学生很想当老师，更想当这样的"先生"。经过早读演讲的历练，不少学生都具备了小"专家"的能力，他们不满足班级这个小舞台，想要登上更大的舞台。我因势利导，利用学校的"书院大讲堂"开设"我是小先生"展示台，即一个能让学生展示自己才学的舞台。"书院讲堂"是学校的一个小会议厅改建的，以前这里是领导开会、专家报告的地方，显得很神圣。如今，这个讲台的宣传口号是"只要你有才，我就邀你来"。孩子们想要做报告，想要当"专家"，学校就给他们这个舞台。一年下来，我班的学生有的是个人，有的是小组，进行了"水浒英雄悲剧命运的探讨""我说我喜欢的西游人物""也说沈石溪笔下的动物"等近十场报告，颇有见地，此项活动较好地提升了学生的阅读层次。

孩子的童年中遇见书籍，遇见一位读书给他听的妈妈，遇见一位陪伴他读书的老师，遇见一群一起讨论书的小伙伴，他便会获得读书的力量，成长为自己喜欢的模样。而创意化的读书活动则让孩子摆脱枯燥的读书模式，走出读书误区，享受读书的快乐和意义，这是教师和家长作为陪读者的一种修为和智慧。

11

第十一辑

静待花开

每个孩子都是种子，只不过每个人的花期不同。有的花，一开始就灿烂绽放；有的花，需要漫长的等待。相信孩子，静等花开。也许你的种子永远不会开花，因为他是一棵参天大树。

——一位班主任的话

人的潜能是巨大的。教育就应该开发学生的潜能。遗憾的是，当前教育者紧盯着学生的分数，忽视了孩子的强势智慧。这样的教育是短视的、失败的和不负责任的……其实，在打好基础的同时，也不会耽误对孩子进行人格唤醒、潜能唤醒和智慧唤醒。只不过需要教育者真正爱孩子、欣赏孩子，真正为孩子的未来和远景考虑，在教育路口架设赏识、唤醒和鼓舞的桥梁。

唤醒的力量

莹，曾经一个让我无语的女孩——住在托管站的她常常不交作业，问起来她却从来不说没写，都是忘在托管站里了，并且信誓旦旦地说就是写了，下午一定拿来（她指望你下午就把她忘记了），只有当你拉着她一起回托管站取时她才会说没写。因此尽管她的脑袋瓜还算灵活，但成绩一直一般。她的变化是从三个星期以前开始的。

有一天的写字比赛中，我一直在教室巡视，不经意地站在她身边的时间较多一些，她写字姿势挺端正，字也写得还算认真，我把她写的字拿到实物投影仪上展示给学生们看，顺便说："这一周的进步之星非莹莫属，你瞧，她写的字进步多么大。明天我们要再看看她的字有没有进步。"

第二天，她主动把作业拿到办公室给我看——工整的字迹、整齐的排列，让我有些不相信是她写的。我连忙来到教室，打开投影仪，招呼学生们来欣赏莹的作业，平日里倔强的她居然羞红了脸，一副羞答答的样子，在同学们的掌声中笑眯眯地领回了本子。

一连几天，她的作业都准时且质量高。按照约定，周五，我把班级"周进步之星"的笑脸奖励颁发给她，她兴奋得拧着衣角，抬头看看大家又低下，然后忍不住又瞥大家一眼，随后挺直腰板坐到座位上，双手规规矩矩搭在胸前，而后又挺了挺腰板。这让我顿时感受到"教师是一个伟大的职业"这句话的含义，真切感受到"伟大"这个词语的贴切，觉得教师的责任重于泰山。

一连几周，她的课堂表现非常好，坐得端正，听得认真，发言积极，一个优秀的女孩成长起来了。在最近一次的单元检测中，她居然进入优秀生的行列！一张红红的喜报让她跳了起来！

我临时决定把班级的接力日记本交给她。周一，她真实地记录了自己接过喜报的激动心情，家长也写了孩子的变化。莹和爸爸的喜悦在字里行间，她的精神开始向上，再向上。

马克思说："教育绝非单纯的文化传递，教育之为教育，正是在于它是一种人格心灵的唤醒。"因此说教育的核心所在就是唤醒。唤醒，是一种教育的手段。在教育学生时教师对学生要有更多的信任，要有更多的期待。只要我们相信学生能够健康茁壮地成长，学生一旦得到信任，他们的内在动力就会被激发，他们就会显得聪明、能干、有悟性、很懂事，教师也会享受到教育的幸福。

别样的汇报

苏霍姆林斯基说："每个学生都是独一无二的世界。"只要我们睁大一只眼睛看优点，眯着一只眼睛看缺点，相信每一孩子都是一道"独特的风景"。在人的心灵深处，都有一种需要，那就是希望自己是一个发现者、研究者、探索者。而在孩子的精神世界中，这种需要特别强烈。教学过程中要注意满足学生这方面的需要，对学生的点滴成功都要给予充分的欣赏和鼓励，使学生保持良好的学习情绪，学得积极主动，有效地促进每个孩子的发展。

前不久，班中奇才润生的妈妈找到我说："不知怎么回事，最近润生像变了一个人，总说找到了学习的乐趣，对待学习积极主动了，每天放学回家总是一脸的灿烂。"

事情是这样的：润生以前字写得不够好，因为口吃，上课发言不够大胆，作业总是简单应付，为此我经常批评他，个子矮矮的他简直成了班中的丑小鸭。今年暑假开学后他交上的每篇日记全是一两句话，什么今天做了什么实验啦，又有什么新发现啦，等等。在检查作业时，我就十分生气：明明作文课上经常说，作文内容要写具体。布置作业时也强调要注意具体记录暑假中的所见所闻所感，平日作业偷工减料的他，居然没有一篇日记写到两行。我决定找他谈谈。

找他来后，问他暑假干了些什么，他说看书、做实验。翻开他的日记，向他提了一些问题，他的答案让我吃惊：语言清晰，运用了大量的物理、化学专用名词，而且兴奋之情溢于言表。这种结果大大出乎我的意料。

我积极践行苏霍姆林斯基"每个学生都是独一无二的世界"的教育理念，决定单独开设一节课，请他谈谈自己的实验、发现。我提前一周让他做准备。终于，在一个灿烂的午后，润生的实验汇报课如期举行。他从家里带来了铜丝、白醋、铅、膏药、酒精灯等等，简直像要开杂货铺，同学们觉得很新鲜。他给同学们演示各种实验，同学们不断向他提问，他给同学们通俗地解释，同学们觉得他了不起，不断地给他鼓掌。四十分钟时间转眼间过去了，同学们围过去，简直像见了偶像一般。

我悄悄地离开教室，激动、兴奋的心情久久无法平静。

从这以后，班级中的很多同学开始喜欢科普读物。渐渐地，润生也变得越来越自信，课堂上勇于向老师发难，旁征博引，尽管依然口吃，但他全然不顾，作业也比以前工整了。一个"奇才"就这样诞生了。

情感是一个有生命的实体，是支撑人活动的最亮点。教师应多讲究教学艺术，使快乐积极的情感充满整个教学过程，使情感教学成为教育的血肉，成为教育的灵魂。

感恩节上的拥抱

感恩节这天，我们正好学习第六单元口语交际"说出你的感谢"。我安排学生预习时，让学生写一写对父母的感谢，同时父母写一写自己的心得。收上作业后，我读着一段段质朴的文字，没有华丽的辞藻，但母（父）子深情让人动容。

课堂上，我结合习作让孩子们与帮助过自己的同学互相拥抱一下，感受拥抱时的心情。大大咧咧的郭一诺紧紧抱住邵馨桐（郭一诺学习成绩最好，而邵馨桐则刚刚相反，没有这次拥抱，我都不知道她俩是好朋友），泪流满面，久久不松开；多愁善感的高小婷红着眼睛抹眼泪，而被她拥抱的天真女孩王贝儿不好意思地劝慰着；好朋友张梓钧和闵祥钊四目相对，默默无语了；寡言的明霏抱着李明芮哭出了声，我知道住宿的她总把自己的心事与善解人意的李明芮分享。阿睿是唯一一个没有走到小伙伴跟前的，他呆呆地坐在自己的位子上，面如平湖。

我走到他跟前："你最感激的小伙伴是谁？没有人帮助过你吗？"

"不是。"他淡定地回答。

"为什么不表示一下你的感谢呢？"

"我最想感谢的是您，可您说要拥抱小伙伴，所以……"

哦，原来他认为自己的答案与题目不符，就……我紧紧抱住阿睿，泪水溢满眼眶。阿睿喜欢科学，上课常常走神，成绩一直不太好，我没少数落他。没想到小小的他体谅我的用心，我该感谢他才对，他让我感受到做教师的幸福。我哪有理由批评他走得太慢，说不定是上帝让我带着一只蜗牛来散步呢。我们不仅仅要耐心地静听花开，更要有耐心呵护不开花的孩子，也许他是一棵参天大树啊。

特别的爱给特别的你

人们常用"人类灵魂的工程师""手持金钥匙的人"等闪光的词句来形容和赞誉教师，这些美誉鞭策和鼓励着我努力进取、甘愿吃苦，使我对讲台一往情深。十几年的教学生涯中我接触过许多成绩差、不守纪律的学生，在与他们的交往中我深深地体会到教师责任的重大，我要把特别的爱献给特别的孩子们。

教育是深深的宽容。人非圣贤，孰能无过？教育就是发现错误，改正错误。当孩子犯错时，何必恼怒，应该庆幸这个错误被你及时发现了，应该欣喜可以化错误为正确。错误，是孩子成长过程中给予我们的宝贵的教育资源。

我班有这样一个学生，他父母离异后随父亲生活，父亲整日游手好闲，家庭生活贫困，精神世界空虚。有一天，一个学生告诉我这个同学带了好些《恐怖故事》《恐怖世界》《午夜惊魂》这样的书在同学们中传阅。我大吃一惊，拿来一看，书中内容实在不堪入目。当时我很生气，从一入学我就倡导学生多读书、读好书。小学生应选择健康有益的书籍阅读，这是我多次讲过的，他怎么可以置若罔闻呢？可是转念一想："幸亏发现及时，亡羊补牢，为时未晚，我必须慎重处理。"我把他找来，与他谈心。他告诉我，他恨这个世界，恨自己的家，恨父母……听着他的话，我惊呆了，我该怎样化解这颗冰冻的心呢？

我选择身边的事感化他，谈到他已离开这个家的贫寒的母亲每个月按时为他定奶，白发苍苍的奶奶风雨无阻骑着三轮车接送他上学，同学、老师给他提供很多的图书，学校每年给他减免学杂费、课本费……所有这些全部是爱呀。我们应该学会用"爱"回报所有的人。他听着听着就哭了，说他错了，今后一定好好学习，也学会爱大家。今天他已经学会较好地阅读健康书籍并记了大量的读书笔记，他已深深地爱上了学校生活，已能像其他孩子一样健康快乐地生活，他还经常为班级做一些有意义的事。上学期期末考试他的语文成绩是99分。我知道家境贫寒的他新年也穿不上一件新衣服，放寒假时我给他买了一件羽绒服作为进步的奖励，他穿上新衣服时，红着脸向我深深地鞠了一躬，我知道他要表达的含义。我庆幸利用了他的错误，窥视到这颗幼小的心灵，对他动之以情、晓之以理，收到了良好的教育效果。

教育到底是什么？

教育是和煦的春风，吹红纳绿；

教育是清凉的甘泉，洗污净垢；

教育是无声的语言，耳濡目染；

对，教育就是一首动听的爱之歌。

教育部周部长曾说过没有爱就没有教育，没有责任就办不好教育。我想这句话一定会引起很多人的共鸣，有了爱和责任就能让更多的孩子露出灿烂的笑容，就能让他们感受到和谐社会带来的温暖。家长信任我们，把孩子交到我们手上，我深知每个孩子对一个家庭来说，都是百分之百的希望，我深知自己肩上的责任重大。我将趁着年轻，不断学习，不断进取，无选择、无例外地爱孩子，尤其是爱那些曾经"受过伤"的孩子，给他们一点温暖，培养他们的自信心，以此作为他们进步的起点。我要把积极的心态送给孩子，让爱永远陪伴孩子，那么孩子的一生必将充满阳光、欢乐与成功。

不同花期的他们

"看庭前花开花落，望天空云卷云舒。"作为一名班主任，我们最幸福的事是看到孩子们的进步。我们往往关注那些活泼开朗的孩子，关注那些能给我们带来惊喜的孩子。当一个孩子在努力一段时间毫无起色之后，老师容易失去信心，容易放弃。其实，这些孩子的成长意义更为重大。

宇，是一个特殊的孩子。上一年级时，他已经是第三次坐在一年级的教室里。家长说，家里生意忙，我们学校是寄宿制学校，他们不祈求孩子学多少文化，总不能让他在大街上乱跑，就让他在这里坐着吧。就这样，说话结结巴巴、拿笔哆哆嗦嗦的宇坐在了我的教室里。他一节课能写三五个字，每个字都像"板桥体"，后来则索性不写了。作为一名母亲，我每次看到这个孩子心中总是隐隐地痛：现在有父母、学校、老师的照顾，将来他可怎么生活呀？

宇虽然不会写字，但是思维基本可以跟上，每次上课我总是有意给他机会，最简单的问题留给他，最热烈的掌声送给他。我教他收拾书包，教他打扫教室，教他到总务处领笤帚和垃圾袋，教他叠被子、洗衣服。他虽然不会写字，但愿意做这些事，他每天都会到办公室请示我一些事情，我总是耐心解答。渐渐地，学生们感觉到我这份特别的爱，也会自觉地给宇一些善意的帮助，宇每天乐呵呵地在教室里穿梭。

后来在与家长共建的"爱心读书俱乐部"里，我一有空就给宇读上一段，然后把书给他。他上课不写字、不做题，把所有时间用来读书，别人读一遍的书他已经读过好几遍。在主题读书交流会上，他总是把手举得高高的，在知识抢答环节他尤其活跃，同学们都为他鼓掌。在共读经典的路上，宇找到自信，在一本本书籍中，宇明白了生活的艰辛，知道了善良与诚实，懂得了奉献的价值。

有时，宇会拿来一个苹果给我；有时，宇会到办公室给我捶捶背；有时，宇会到卫生区煞有介事地检查同学们打扫得干净不干净；每天，宇总是最后一个离开教室把门窗关好……有一天，宇的裤子裂开一道缝，我用针线给他缝补，他坐在旁边和我聊天。"老师，你对我这么好，将来我盖楼房娶媳妇，留出一间最好的房子给你住。行不行？"那副一本正经的样子让我好感动。去年夏天，宇小学毕业后到一所初中就读。教师节那天，宇的爸爸走了三十多里路带他到我家中看望我。宇说，他在初中负责管理班级里住宿同学的纪律，老师很信任他，他会永远记得我，说我像妈妈。那天已毕业的学生给我打电话发短信祝贺节日的孩子很多，但宇的到来最让我兴奋。

现在，宇每周都会给我打电话，天气变化啦，他家的饲料卖得好不好啦，他在家怎样帮爸爸妈妈啦……他都会一一讲给我听，时不时也问问我现在教的一年级小朋友的情况，叮嘱我注意休息。每个周末的这个电话成为我心底的一份牵挂，我也为他能成长为一个健全的孩子而欣慰。

几乎每个学校总有几个这样的孩子，让我们把一份特殊的爱给这些特别的孩子，相信他们也会慢慢成长，只是和其他孩子的花期不同而已。

慢工出细活

从教二十多年，我又从一年级开始进行新一轮轮回。相比较以前教一年级，我有了更多的思考：学生学前有写字基础的，有执笔姿势、笔顺等习惯上的问题需要纠正；学前没有写字基础的，虽然上手慢，但容易规范。低年级的写字教学快不得，是一种慢下来的艺术。

从一年级开始，我就注意培养学生良好的写字习惯，努力使他们写字时姿势规范，写出的字大方美观，保持对写字的浓厚兴趣和敬畏。教学中，我主要抓好以下几方面的工作。

一、童眼看世界，兴趣盎然愿写字

写字对活泼好动的低年级学生来说，是一件十分困难而不好玩的事情。因此，要教学生写好字，就要力求使写字变成一种游戏，一种使学生自觉自愿参与的游戏，一种使学生欲罢不能的游戏。我根据儿童的心理特点，通过揣摩儿童的心理，采用了以下几种做法。

1. 故事深入人心

《柳公权谦虚学书》贴近学生的生活，"写尽八缸水，砚染涝池黑；博取百家长，始得龙凤飞"的精神在学生心中扎根；王献之练字用了十八缸水方与父亲王羲之齐名的故事感染着学生；学生之间交往的故事信手拈来，设计写字中的穿插与避让……低年级学生喜欢听故事，在娓娓道来的故事里他们往往对号人座，仿佛自己就是那个书法家，自己就是汉字中的一笔一画，勤学苦练的精神甘露浸润着他们的心灵，与人友爱的种子在他们幼小的心灵里生根发芽。

2. 激励引发期待

每天中午的练字时间，拿有进步的作业到实物展台上点评一番；在书写优秀的作业上写一句激励性的话语；对坐姿正确的学生竖起大拇指；邀请执笔姿势正确的学生给大家做示范；让书写认真的学生做评委等多样激励性措施的实施，让学生们期待写字课，期待写字评点的时刻。教室一角的学生书法作品展示专栏，墙上的学生、家长的书法作品，每周一次的小小书法家评选等各项激励措施在学生间传递着一种正能量：把字写好是一件光荣的事情。

家校共同浸润。孩子在学校的良好表现最愿意让家长知道，于是，一张张写字小能手的喜报、一次次写字有进步的飞信、一幅幅参加写字比赛的掠影，让学生在家长面前有了骄傲的资本；家长传来孩子在家中认真写字的照片，孩子得到别人夸奖的心得，在同学们面前展示一下，使他们一脸的得意。

我们举办了学生、家长、老师共同参与的书法比赛，老师和家长给学生起了带头作用，家校携手创建了浓厚的墨香氛围，学生的心灵得到熏陶，生命得以滋养。

二、蹲下来示范，一笔一画会写字

学生写字，除了兴趣激发以外，教给学生规范的执笔姿势、书写方法、布局结构形式非常重要。但是老师在讲台上讲得天花乱坠，学生不一定会写。这就需要我们走到学生中间，用学生喜欢的方式，从一笔一画开始教给学生规范的写字方法。

1. 儿歌正姿势

学生学习写字时，教师往往都注意到了对其写字姿势的纠正，但学生当时很规范，不久就会忘记，很容易反复。在教学中，我自编坐姿、执笔姿势的儿歌，学生每次写字先在音乐声中吟诵这些儿歌，调整写字姿势，写字规范得以巩固，并且对写字产生敬畏感，自然写字也就更认真了。比如，每次写字前，背诵姿势歌："头正身直坐端正，全身放松脚放平，胸离桌沿一拳头，眼离书本一尺远，手离笔尖一寸远。"背完儿歌，孩子们的姿势也调整好了。接下来的写字在舒缓的音乐声中进行，教室里像一条静静流淌着墨香的河，学生就像自由舒展的鱼。

2. 口诀帮写字

学生写字过程中，教师讲解字的笔画写法、布局特点，学生当时照着示范来写还可以，但很容易忘记。我们就用儿歌帮助记忆。比如，写"口"字，学生默念："上窄下宽字形扁……"不一会儿，一个规范的"口"字就完成了。学生都说，边背口诀边写字，写字变得轻松愉快。

3. 手把手示范

学生写字时，教师的位置很重要。常常见到教师在讲台上看作业，或是站在窗前，似乎写字是学生自己的事，教写字是教师的工作，教完后任务也就完成了。之后看作业时又常常抱怨已经教过了学生却总是写不好。教师在教室内巡视很重要。看到姿势不正确的学生，轻轻帮他摆正；看到笔画不规范的书写，手把手地示范；看到漂亮的书写，悄悄朝他竖起大拇指……一个个不经意的动作为学生养成良好的书写习惯奠定了基础。

4. 关键字引领

在教学中，教师根据教材的编排特点，重点指导关键笔画、关键部首以及关键字，起到事半功倍的作用。比如教学"痛""疼"两个字时，先练习病字旁的写法，用"两点尽量往上靠，撇画舒展很重要，整个偏旁在左上，右下部分要包好"的口诀帮助学生写好偏旁，练习好后再书写"痛""疼"两个字就容易多了。写好关键字"也"后，再写"地""她""池""他"就容易多了。在教学中多一份用心，找到学生书写的规律，写好字就水到渠成了。

5. 行款需指导

学生在写字课上练习时写出一个个规范的字容易，但要在本子上写好每一行、每一张纸还需要指导行款布局。利用每周五的写字课，我常常写好作品让学生看，有时也会收集书法家的作品让学生欣赏，如何布局、怎样落款，都一一指导。尤其面对低年级的学生，这种指导更重要。

三、慢下来教育，发现花开的美丽

学生的写字不是一朝一夕就可以见效的，是一个慢工程，教师要耐心等待，才能发现花开的美丽。

1.姿势调整需提醒

如今的孩子，学前教育参差不齐，相当多的孩子有学前写字的经历，但规范的书写却很少，相反养成了很多不良习惯：头离书本太近，手离笔尖太近，大拇指压住了食指，弯着腰坐等各种情况都有可能存在。我从不抱怨，而是从最基本的执笔、坐姿开始，不厌其烦地指导。这往往需要一遍遍的提醒，学生还会再犯同样的错误，但一定要持之以恒地提醒，相信总有一天学生会回报我们规范的姿势。

2.写字反复有准备

学生写字有时会出现反复，有时写得还可以，有时写得不好，这样的事情常出现，我们的激励机制，我们的书写比赛不断地强化写好字的意识，看到写字质量出现反复要有思想准备，要耐心指导并严格要求。写字训练如同武术队练拳一样，天天要练基本功，只要长期坚持，一定会有成效。

"生命化教育"的倡导者张文质先生指出：教育是一个"慢活""细活"，是生命潜移默化的过程，教育的变化是极其缓慢的、细微的，它需要生命的沉潜，需要"深耕细作"。作为教师要抱着静待花开的心态，对学生的写字要有足够的耐心并满怀期待，相信学生会用漂亮的作品回报我们。

写字如此，学生的教育亦如此。

在反思中成长

学和行本来是有机联系着的，学了必须要想，想通了就要行，要在行的当中才能看出自己是否真正学到了手。

——谢觉哉

"博学之，审问之，慎思之，明辨之，笃行之"。这是我国古代教学实践积淀的"反省"思维模式，只有不断学习、反思实践，才能有"集腋成裘、聚沙成塔"的收获。学校让我们走出去，把专家请进来，为我们提供了很多学习的机会，每一次都有收获。

书香，让我们焕发生命的光彩

2013年10月21日，我来到山东省教研室重点课题"阅读中外经典享受读书乐趣"的优秀实验地区——桓台，观摩了实验学校优秀教师多元化阅读教学课型的八节课例，实地考察了桓台实小、桓台二小的学校文化以及晨诵、午写、暮读现场，从学校精致的文化、课题研究的实效到每一堂课带来的新鲜气息，都让我感到深深的震撼。

一、行动起来才是硬道理

省教研室李家栋老师做了课题实验报告，报告指出：实验成果中包括十三种阅读课型，分为侧重习得某一种学习方法、提高某一方面技能的课，运用阅读习得的方法阅读、展示的课，综合课型等三类，都着眼于学生学习能力的培养和素养的提高，每一课都有具体的流程和案例，操作性很强。

曾经，我们也试图研究各种实用、可行的教学模式和流程。我们成立了一个团队，上课、研讨、磨课、再上课。一轮下来，用模式培训年轻教师，虽然有了实践，但缺乏系统性。实践中各种课型的上课教案、设计意图、每种模式要达到的目标……都没有系统起来，资料的整理没有跟上，缺乏做课题的系统性和持之以恒。

我们常常觉得工作累，重复性的工作多，有一些常常是因为我们很多工作在实践中没有总结，没有形成系统的经验，没有为后来的工作做支撑，有的只是片段的零星的感性经验，使后来的工作有很大的重复。

不论做什么工作，有创意，有想法后就马上做起来，哪怕失败，哪怕出现错误，先做起来，失败和错误都是积累经验。行动起来才是硬道理。

二、精彩的课堂传递先进的理念

观摩的课例有诵读写字指导课、精读方法指导课、演读体验课、比较阅读课、读写结合课、批注阅读课、诵读课、读书交流课等八节，每一节课从不同角度诠释着新课标、新理念。语文课的工具性的落实、大语文精神的贯彻、在阅读中习得方法、扩大阅读量、加强阅读实践等，一个个切入点带给与会老师们启迪——任你弱水三千，只取一瓢饮，宁点上打井，不面上挖坑，一课一得，这样的语文课简简单单，学生喜欢而且收获大。

想想我们的课堂，每一节课恨不能逐字逐句地讲解分析，恨不能把一篇课文挖地三尺，教师教得累，学生学得无趣，效率很低，回想起来没有给学生留下多少有用的知识。虽说是简简单单教语文，实际上给教师提出了更高的要求——比较阅读课上，我们要找到适合比较教学的教材，准确把握比较的出发点，从比较点上教给学生学习语文的方法；读写结合课上，找到适合写作训练的内容（教了这么多年学，从没有想到借助《小英雄雨来》中精彩的象声词训练学生写作）；精读方法指导课中，一篇课文适合运用哪些方法阅读、识字等等，这些内容没有现成的教材、参考书，考验的就是教师研读教材的能力，这正是做语文教师的重要素养。

三、读书提升个人素养

在会上，我感受最深的是自我能力的不足。

纵观八节课例，大多数执教教师都有自己的绝活。泰安陈炳峰老师从教十六年，有自己对语文的热爱，他带领学生读书、活动，充满磁性的男中音萦绕在课堂，本身就是一种享受，灵活的课堂机智显示着教师的魅力，规范的书写影响着每一位学生。最让人耳目一新的是他的特色班级——"润六班"，从家委会的活动到亲子共读，从每一份习作到孩子们的作业，让我感受到陈老师扎实的工作。陈老师热情洋溢、充满活力的演讲让我充分感受到：读书、研究会使人焕发生命的光彩。

在现场参观的过程中，从两所学校教师的身上，我又一次感受到：书香，让每一个生命焕发光彩。学校里，每一处精致的文化建设，每一所教室前解说学生的精气神，每一个微笑着的教师，每一间散发着浓浓书香味的教室，每一份展示的材料……无不诉说着学校中书香校园建设的成果。最让人震撼的是课堂开放中的每一堂课都那么精彩，每一位师生都那么自如，我在想，只有六十四名教师的小学汇集了山东省教学能手五名，一定有一种精神使他们稳健前行。看了专题片，听了校长的报告，解开了这个谜——学校中，从校长到教师，无一不喜欢读书，学校的图书室每年都有大量的投入、更新，阅读成为师生生命的常态，所以他们才有这样强劲的发展动力。

越是学习，越是发现自己的不足。待在学校里，每天过着从家到学校，从办公室到教室两点一线的生活，故步自封，这使得生命不再年轻，精神越来越萎靡。读书，会润泽每个人的生命，让我们在书香中焕发生命的光彩吧。

独特的一课

2013年3月28日，在潍坊富华俱乐部，潍坊市小学语文十年课堂教学改革研讨会如期举行。一堂堂精彩的课例如百花齐放，各具特色：经典绘本教学如潺潺流水，同课异构似牡丹般典雅，韩兴娥老师带领孩子阅读《上下五千年》霸气十足，托物言志诗的创作赢得阵阵喝彩，《中国的月亮》令人动容……一切，都独成一体，独领风骚；一切，都让人恍如梦境，久久回味……连续十节课，眨眼间就过去了，会议厅除了阵阵掌声，别无声响，连于永正老师也是一直认真地倾听，记录，微笑，鼓掌。

3月29日上午，于永正老师字正腔圆的京剧把研讨会推向了高潮，于老师的登台也圆了我多年来的夙愿：真正见到于老师，聆听他那富有磁性的声音，聆听他那润物无声的教诲，聆听他对教育的执着追求。

两天来，执教教师们一一围坐在满头银发的于老师身边，坐在会议厅一角的我伸长了脖子，欣赏于老师独特的魅力。

他从对教育的理解谈起：语文教学不要挖得那么细，衡量语文教学的好坏不看教师讲得怎么样，而要看孩子们的语文素养如何，从这些孩子精彩的发言可以看出潍坊的语文教学搞得好。于老师谈到这是书籍的力量，所有有益的书籍都可以默默改变一个人的生命，所有经典书籍都是让学生做有根的人。

接着，于老师和与会教师分享了他心目中的语文教师要做什么：语文是一门应用学科，温家宝2007年就强调学生不光要学会书本上的知识，还要学会表达，语文教师要有课程意识，是课程的制定者、开发者，一本语文书不够，要像韩兴娥老师那样主动开发课程资源。

教育无处不在。于老师针对房雪冰老师课堂上对"哈欠"一词的处理进行当场指导。（房老师在让学生做哈欠的动作理解"哈欠"一词时，学生打了个喷嚏，房老师很机智地说，原来爸爸陪妈妈感冒了。）于老师说虽然处理机智，但学生依然没有理解"哈欠"所包含的"累、困"的意思，老师可以做一个动作帮助学生理解，"什么时候也不要忘了我们是教语文的。"于老师就是这样从许多细微处发现问题，倾其所有直到白发苍苍依旧坚守自己的教育理想。

于老师特别提到了语文课中朗读的重要性。他当场兴致盎然地朗诵起来，让人吃惊的是全篇课文居然背过了，惟妙惟肖的朗诵赢得了大家热烈的掌声。我想，对所教课文能背过的老师不用说这样一位老者，就是精力充沛的年轻人，有几个人能做到呢？"只有朗读能走进作者感情深处，情感太有价值，语文是一门情感学科，朗读是语文课独特的魅力。"我牢牢记住了这句话。朗读好了，学生会喜欢语文课，学生对于老师的喜欢就是源于朗读。

于老师最后就多媒体的使用、语文教师的基本素质、艺术教育、创新型课堂等谈了自己的看法，整个会议厅洋溢着一种温暖、一种感动。我想，于老师的弟子不仅仅是台上的几位，台下的诸多老师从于老师那里学到很多，都是于老师的弟子。这独特的一堂课让我们从他身上不仅仅看到一位语文教育专家的魅力，更重要的是看到一位长者对教育的不懈追求，这值得我们一生慢慢品味，慢慢学习。

心动不如行动

　　我们利用两周的时间进行了全校四十三名班主任参加的立德课课堂教学大赛。透过精彩纷呈的课堂展示，让我们看到了奋发向上、健康活泼的班级精神面貌和班主任们与学生之间那种浓浓的真情，领略了班主任各自良好的文化教育功底和不同的班级管理风格。短短四十分钟的课堂演绎，虽然活动的主体是学生，但也同样折射出每位班主任睿智的目光与充满理性的思考，十几节课高年级的班会课让我为之感慨，为之折服。在纪校长、曹校长的指导下我们也在思考从不同的角度总结自己在班队会方面的做法，甚至结集印刷。但那仅仅是思考。

　　2013年4月12日，我们到泰安参加丁如许的《魅力班会课》培训，专家的报告资料翔实，案例生动，既有理论支撑，又有丰富的实践。在听报告的过程中，我不时地会和曹校长相视一笑——好熟悉！

　　班会可分为班级例会和主题班会。这是我们在班主任论坛中达成的共识，丁教授则分类来讲解。对于打造魅力班会课，丁教授从精心选题材、巧借八方力、增强知识性、认真写教案、创造新形式、课后常反思、研究新课型等十个方面来讲，几乎每一点我们都有所触及，但又都没有细致到研究的深度。

　　在本校的班级立德课大赛中，我重点关注了老师们的选题，也认真地做了总结，但丁教授的选题让人耳目一新。他说："思考的高度决定行动的宽度。"丁教授指出，我们为国家培养英才，就需要收集党和国家的重要文件，我们常进行的文明礼仪教育原来从《中小学文明礼仪指导纲要》中可以找到源头，这样班会课的境界就提高了。班主任要敢于选择工作中的难题、生活中的新题。在我们的班会课上，看到的往往是千篇一律的常规、感恩、节约，甚至一至六年级都是一样的主题、一样的模式，实效性自然就差。几段课堂视频让我们感受到上海班会课的实在、实效。在我们的班会课上，缺少的正是这样独到的眼光。

在班会课上，丁教授的巧借八方力让我感受到自己思考问题的局限性。在班会课上，我们可以整个级部合作备课、设计任课教师欢迎的班会课（学习方法指导课、学习经验交流课、学习实践活动课等）、请家长做班会主讲人、请家长参加班会课……八方借力，形成合力，班会课会发挥更大的效益。

听报告的过程是思考的过程，怎样达到高度、具备宽度，是核心问题。下午的报告丁教授又支招："读"领风骚、乐于积累、善于反思、精于研究、常于写作……这些妙招我们知道，我们明白，但我们没有坚持，也就没有取得像丁教授那样的成果。看到丁教授花白的头发，看到他的一本本著作，我们没有理由说自己工作忙，说自己身体差，说自己年龄大……如果仅仅是有想法没有做法；如果仅仅有做法，没有总结，一切等于零。今天是起点。

记得哈佛大学图书馆里的至理名言："我荒废的今日，正是昨天殒身之人祈求的明日。"坚守心中的美丽，化作日复一日的行动，相信心中的花儿终有花期。

捕捉感动，走向美好

2013年4月16日，我来到山东省教研室重点课题"阅读中外经典 享受读书乐趣"的实验基地昌邑，观摩实验学校优秀教师不同文体经典作品阅读教学的七节课例，从专家的报告到每一堂课带来的新鲜气息，都让我受到深深的触动。

一、捕捉感动

教育部基础教育司课程教材发展中心付宜红处长的报告触动了我，不仅仅是对语文教学的触动，更是对班级管理、育人的思考。

付处长指出："教师有责任教给学生捕捉身边感动的能力。为别人的进步而拍手高兴，分享生活中的点滴美好，珍视他并且呵护他。"教学生知人间冷暖，有血有肉，有感情是现在育人的大问题。现在的学生对越来越多的关心熟视无睹，对别人的痛苦和伤心漠不关心，以自己为中心，人与人之间的关系越来越冷漠，人与人之间的交往越来越功利。据调查，很多家长教给学生交朋友的原则是学习成绩好，极少让孩子从自己喜欢或对方的品质优秀这方面交朋友。另外，家长对孩子捧在手里怕摔了，含在嘴里怕化了，自己怎样受苦绝对不在孩子面前表现，生怕孩子受半点委屈，孩子在这样的溺爱中逐渐失去了爱的能力，只会被动接受，稍有不顺就发脾气。教师有责任让孩子在阅读过程中感受作品中的点滴感动，同时学会捕捉生活中的感动，做一个会爱、会生活的健全的人。

二、走向美好

一位小学校长提出"培养学生发现美的眼力"的办学目标，他每天带领学生在书中、在校园里、在生活中处处发现美、感受美，享受生活的乐趣。我想，语文教师应当承担起引领学生向往美好、走进美好、建设美好的责任。我们的校园人人都夸美，确实让人赏心悦目，但是在匆匆忙忙的上课下课中我们失去了感受美的能力——花开花落、细雨蒙蒙、漫天飞雪、一抹新绿、书法家的故事、精心汇编的文字、一位位模范人物事迹……一切都从我们眼下溜过，不曾留下痕迹。是我们的学生不留心？回答是否定的，我们没有给学生一颗感受美好的心和一双发现美的眼睛，我们自己就没有这样的心境，所以我们倦怠，我们疲惫。看到校长记录的校园中麦苗的生长、花儿的开放，看到卫生室赵大夫一盆盆精致的小花，看到赵爱芝老师同一个角度记录梧桐树的四季，我们感受到的是爱生活的人会有一种不同的气质，由内到外散发出的美好，我们为什么不可以引导孩子们去感受这种美好、享受这样的生活、修炼这样的气质呢？

在书籍中，在大自然中，在与同学的交往中，我们都有机会感受美好。我带领学生找同学身上的优点，学生们即使找到也很牵强，不会真诚地感受别人的优点，这样的孩子怎么会与人友好相处呢？但教师的行为对学生的影响至关重要。我们对每个孩子的表扬、对一朵花儿的钟情、对老人的关爱、对生命的敬畏……都是孩子们效仿的对象。语文课上对细节的品读、对情节的品味、对真善美的追求，会成为一种正能量的种子，播撒进孩子们的心田。

让我们自己为美好感动，为美好欣喜，相信孩子就会走向美好。

三、学会阅读

在日常教学中，我也引导学生读书，但怎样读书，仅仅是从一篇文章中考虑，从句段篇章上考虑遣词造句，很少关注文体特点。这一次研讨会的七节课有六节是体现童话、小说、说明文、古诗文、现代诗歌、散文等不同文体的教学，这种教学是以前从没有见过的。在会议上，老师们的课堂都对学生把握文体特点进行阅读做了指导，相信这样的教学对孩子们大量阅读相同文体的文章会大有帮助。

想到前一段时间在网络上读到一位教师引导学生从作者进行扩展，阅读同一位作家不同时期、不同风格的作品，从而了解这位作家的语言风格，理解文章表达的情感，我觉得这对于中高年级的学生来说可以尝试，这样对拓宽学生的阅读视野、增强学生阅读分析的能力会有很大帮助。

引领学生读书还需要更科学的方法，更为深入的研究，从而对学生喜欢上语文课起到切实的帮助。

小研究，真教研

当下，各级各类的教研活动开展得如火如荼，听课、评课、说课……教师们忙得不亦乐乎，在这表面繁华的背后，我们也时常听到教师的抱怨。大家对学校组织的教研活动往往是应付了事，很难对自己的课堂教学产生积极作用。我所在的教研组以每周一次的集体教研为主体，以办公室的即兴研讨为补充，真正解决了教学中的一些困惑，提升了课堂效率，发展了教师的教研能力。

一、集体研讨主题化，唤醒教师的研究意识

我们教研组的教研活动根据教学中的需要制定主题，周五商讨主题，周一进行教研活动，每个教师都根据主题提前备好课。研讨时中心发言人抛砖引玉，其他教师畅谈自己的观点，最后统一思想。在研讨过程中，往往会争得面红耳赤，但最后总能达成共识。比如，看到学生写过很多看图写话，每次总是像回答问题一样写出时间、地点、人物以及干什么，干巴巴的。教师们的指导缺少方法，学生一直没有多大长进，于是我们决定进行关于看图写话指导策略的教研活动。教师们在备课过程中，查找了大量资料、图片以及课堂设计。经过一个多小时的研讨，我们明确看图写话应指导学生学会观察和想象的方法。按照顺序观察图画的环境和人物，进行合理的想象，编出故事的前因后果，想象出人物的动作、神态和语言，写出的段落就丰富多了。我们共同编出了看图写话的顺口溜，把找到的图片拷贝到教室电脑上，专门进行这样的说话、写话训练，学生的观察能力和表达能力都有大幅提高，这样研究后的课堂实效性大大提高。

主题教研带来的不仅仅是课堂效率的提高，更重要的是教师们教研意识的唤醒，教师们在用各种方式参与教研活动，提升了自己的研究能力。这正是"用一个支点撬动地球"。

二、单元备课具体化，明确课堂教学的目标

每次一个新单元开始，我们一定要进行一次教研活动——统一本单元的训练点。教研组中的教师既有朝气蓬勃的年轻人、年富力强的中年教师，也有经验丰富的老教师。一般先由年轻教师发言，发表自己对本单元教材的解读，老教师进行指导重点的确立及突破的方法，中年教师谈自己的看法，最后达成共识。比如，在人教版二年级上册第三单元的教研活动中，我们确定了本单元的教学仍以生字词识写和课文朗读背诵为重点。除此之外，抓住语言文字训练不放松，我们确立了每一课的训练点：

（1）学习"识字3"，仿照《三字经》，编写学校《三字经》，学生学完课文带着任务参观校园，兴致盎然地编写、朗诵。

（2）学习《欢庆》一课，积累"金黄的果实、火红的旗帜、洁白的鸽子、欢乐的乐曲、美好的日子"等词语，并举办"我爱祖国"朗诵会。

（3）学习《北京》一课，积累六个四字词语，学习二、三自然段围绕一处景物具体描写的方法，描写学校的迎宾小花园。

（4）学习《我们成功了》一课，着重让学生积累"人如海，歌如潮"的欢庆场面描写的句子，播放庆祝六一国际儿童节的视频，运用积累的词句写一个片段。

（5）学习《看雪》一课，积累描写雪景的句子，体会"飘着、铺着、披着、堆、打"等动词的准确运用。

我们设计了适合学生练习的题目，共同交流了自己制作的PPT，取长补短，会后各自修改完善教案。

每一个单元都以这样的教研活动开始，教师们心里更有底，备课更有针对性，上课不用花哨的设计，扎扎实实进行文字训练。这正是"咬定青山不放松，任尔东西南北风"。

三、"聊课"研讨日常化，"聊"出大家的教育智慧

课间十分钟、下班后二十分钟是我们的"聊课"时间，我们聊的几乎都是课堂上出现的问题、自己最得意的课堂机智，大家在相互调侃中互相启发，不断进步。学过口语交际课《身边的科学》后，孙老师苦恼地说自己让学生课前收集了资料，但课堂上学生没有多少有价值的发言，成了个别学生的独角戏，交际效果没有达到，向其他教师求助。"收集资料必须是自己弄懂了的，不能抄下来就行了。""口语交际课上的规矩不能丢，倾听的习惯要培养。""交流前要教给学生提问、补充、评价的方法。""收集资料前先分好组，分类收集，有利于学生倾听与交流。"办公室的教师们你一言我一语，孙老师频频点头，觉得自己的教学细节处理得不好，决定再重新上一节。第二天，当然就是我们分享她的课堂经验了。这正是"泉眼无声惜细流，树阴照水爱晴柔"，不经意间聊出了高效的语文课堂。

四、外出学习最大化，传递幸福的故事

很多学校教师紧张，怕课程没法安排而不敢派教师外出学习。在我们教研组却恰恰相反，一个教师外出培训，其他教师争着给他代课。一是到他班级里学习学习他管理班级的经验，二是等培训的教师回来传授学习收获。当然外出学习的教师绝不吝啬，给大家播放带回来的视频、照片，讲解学习心得。杨远滨老师学习的接力日记的做法，王永明老师学习的小组评价，孙晶晶老师学习的语文实践活动，等等，已经成为我们级部的特色。大家把"学习是最好的福利，福利大家共享"这句话挂在嘴边，浓厚的教研氛围、高涨的学习热情在我们教研组如星星之火，大有燎原之势。

我们的办公室文化以"家"为主题，教师们如一家人一样真诚交流，共同提高，愉快地工作，享受着语文课带来的幸福。年长的教师不留痕迹地完成了传帮带，年轻教师很快成长起来，整个教研组的语文教学在这种真教研的推动下不断提速增效。这正是"水晶帘动微风起，满架蔷薇一院香"。

第十三辑

13

莫名的感动

教师的最大幸福在于能够始终怀揣一颗童心，积极参与孩子的成长过程。

——题记

因为喜欢这份工作，所以每个孩子都是我的挚爱。我们付出真心，孩子、家长、同事会带给我们莫名的感动。这一份份感动，成为我们工作的动力。我和同事们、孩子们就这样每天被感动着，我们的教育因此充满温度。

灿烂的笑脸是最好的圣诞礼物

这几天，孩子们沉浸在圣诞节的欢乐气氛里。不知道是哪个大人的提醒，孩子们带来了好多平安果，说要送给老师。收到礼物当然挺高兴的，但不免想从教育的角度思考。

赵欣怡周一早上第一个递给我平安果，可是什么话也没说，扭头就走。我拉过她，故作糊涂："这是要干什么？"她用手指了指苹果，吐出两个字："给你。""为什么要给我？"我追问，她便不语了。

我意识到六岁的孩子还不会说出自己的感受，不会表达内心的感激。（这个孩子来自农村，不爱说话，没接受过学前教育，入学后我特别关注她。）她可能挺喜欢我吧（我感觉到的），可是她不会说，这需要引导。

"你喜欢老师吗？"她使劲点点头。

"那你就说，'老师我喜欢你'。"孩子说了，但声音很小。

"老师最喜欢声音响亮的孩子，你再说一遍吧。"

孩子又说了一遍，这次声音好响亮。

"你想在圣诞节送老师礼物，你就说'圣诞节到了，我送您一个苹果，祝您圣诞快乐！'"

孩子看看我，似乎不会说。我又重复一遍。孩子学着说了一遍，但断断续续，不清楚，可是我夸奖了她。孩子笑了。我鼓励她回去想一想，一会儿带领同学们说。

我担心孩子们见样学样都回家要苹果，决定到教室讲一讲。

"孩子们，这是什么？"

"平安果！"孩子们好兴奋。

"这是干什么的？"

"圣诞节送给别人，祝他们圣诞快乐的。"现在的孩子很时尚。

"大家是不是也想送给老师？"

"是！"好响亮的声音。

"同学们喜欢老师，我很高兴。你们的心意我都知道了，瞧，这就是大家送给我的苹果，谢谢大家！不过，对别人的感激和爱要说出来，现在大家就跟着赵欣怡说。"

赵欣怡骄傲地站到讲台上，我趴在她耳边说："孩子，勇敢点，大点声，老师好喜欢你。"

"圣诞节到了，我送您一个苹果，祝您圣诞快乐！"我没想到她说得这么好，孩子们跟着她大声说着。

孩子们一张张灿烂的笑脸是最好的圣诞礼物，我爱他们。

老师，你真想把我带回家吗

"老师，我听妈妈说，你看到我整天笑眯眯的，特别喜欢我，想把我带回家，是不是这样呀？"王贝儿是一个人见人爱的孩子，姣好的面容，无邪的笑脸，天真的话语……一切都仿佛是上天派下来的天使，我真的很喜欢她。

她妈妈是一位企业家，生意做得很大，堪称女强人。在孩子的教育问题上，由于时间问题，加上生活上主要靠保姆照顾，而保姆只照顾孩子的吃喝拉撒，忽略了对孩子自理能力的培养与教育问题，直到上了一年级，她才发现孩子与别的孩子有太大的差距：吃饭要喂，穿衣要别人穿，学前几乎没读过一本书。看着周围的孩子一个个像个小大人，做妈妈的紧张起来，给孩子报名参加了好几个辅导班，要把浪费的时间夺回来，孩子累得不行。我劝过贝儿妈妈："看孩子的纵向比较，看自己孩子的进步，不要总和别人比。"但做妈妈的整天处于焦虑当中。

贝儿妈妈常常会给我打电话，聊的多半是自己的无助与焦虑，我常常开导她。周六她又找到我，说看到女儿写字太慢，实在想发火便出了门，想跟我聊聊，心中特别担心孩子会落后。我说："贝儿那么可爱，整天笑眯眯的，我好喜欢她的，你小心我抢了你的女儿哦。"当时贝儿妈妈的眼中放射出光芒，她不相信我说的话，但我说的是心里话。

于是这才有了上面贝儿那句话。这天一整天她都笑眯眯地看着我，听讲也格外认真，仿佛我只看到她。我真想把她带回家，给她讲故事，带她去郊游，使她免受妈妈焦虑情绪的影响，使她少一些烦恼。我希望她每天都是这种状态：积极快乐地学习、游戏，度过一个快乐的童年，其实这不也是家长的希望吗？努力吧，用我的行动影响家长，影响孩子，使孩子以积极的心态投入到学习中去。

妈妈，我全对啦

再过四天就是孩子们一生中第一次正式的考试，家长和我都有些小紧张，不知他们会不会应考，于是就出了三份练习题让他们练练兵。当然这之前也有过单元过关，孩子们都在适应。前几次，班长宸羽的成绩一直不好，直到星期四的一次练习，她仍然是"B"，放学时她就告诉她妈妈了，她妈妈说："你再考B，我就不让你上学了，在家要饭吃吧。"孩子好伤心。

周五又有一次练习，我看得出孩子很用心。

周五晚上，我拿卷子回家批阅，有一份没写名字的试卷居然全对！我查对姓名后发现只有宸羽没交，是她的吗？

周一早上发试卷，宸羽果然收到没有姓名的试卷，那抿着嘴美美的样子不禁让人感慨：试卷不妨简单一些，这会带给孩子多少快乐呀！我突然明白了控制考试的初衷：童年时代的快乐被分数剥夺后将是多么悲哀的事情啊！

上午，在洗手间碰到宸羽，她跑到我跟前说："老师，你猜我妈妈会有多高兴，我从来没有全对过呢！"中午去餐厅的路上，宸羽一遍又一遍美美地说："今天我好开心！"下午放学，她带队格外卖力，那样子似乎在告诉所有人她有多开心。

放学她扑到妈妈怀里的第一句话就是："妈妈，我考试全对啦！"

作为一名教育工作者，看到孩子的笑脸当然开心，但也让人酸酸的：我到底为孩子提供了怎样的教育，让孩子为一次考试欢呼雀跃。这是我的教育出了问题呀！

教师的幸福

2018年8月14日，接到珊的电话："陈老师，您什么时候有空，我和阿媛要去看您。"听到她清脆快乐的声音，想到她在微信朋友圈里发的参加演出的照片，我眼前出现了一位活泼开朗的女孩，特别欣慰。我和她约定好时间后，思绪已经飘到十年前。

十年前珊的妈妈胃癌复发，做班长的她常常默默流泪，那神情完全不像四年级的孩子，有时上课呆呆地望着窗外，让身为班主任的我好心疼，但安慰的语言又那么苍白，我只有时不时把她叫到办公室聊一聊最近的生活，不敢触及她妈妈的病情。一个月后，她妈妈带着对女儿的不舍离世，在追悼会上我见到了一袭黑衣的小姑娘，我不敢说话，只是紧紧地把孩子搂在怀里，流泪。往后的日子，珊对我有一种依赖，有什么事总喜欢跟我说说。几个月后，一位姓王的音乐老师走进她的生活。王老师常常给她买新衣服，教她弹琴唱歌，带她参加钢琴比赛，孩子好喜欢这位老师。半年后，王老师成为珊的继母！珊抱着我痛哭——她做老师可以，但为什么把爸爸抢走了？孩子哪里明白大人的苦心：爸爸、奶奶都怕珊难以接受继母，就让王老师以师者的身份走进珊的心里，哪儿知道她仍然如此抵触。

放学后，我们在校园的树下边走边谈，在教学楼后的角落里她抱着我大哭。我把家人打发出去，在家里为她熬粥……我讲述我的继母对我的好，让珊意识到并不是所有继母都像《白雪公主》里的继母那么恶毒；我讲述父亲带孩子的不易，让珊体谅爸爸失去妻子的伤痛及再次娶妻的酸楚；我讲述我和继母带过来的妹妹相处的快乐，让珊学会接纳另一个失去爸爸的不幸的女孩……一年过去，珊不再忧郁，不再避讳谈及王老师，虽然依旧喜欢跟奶奶住在一起，但又恢复了往日的笑脸。我坚信：这样的陪伴对一个失去母亲的孩子来说是需要的，哪怕她上了初中，我依然与她保持密切的联系。

渐渐地，我们的谈话不仅仅是过去与现在，更多的是未来。珊想当一名语文教师，高考志愿就是中文系，她在学校积极参加各项活动，说要为当班主任做准备。今年上大二，居然当选为学生会主席！我真为她高兴，在聊天中，珊说得最多的居然是爸爸妈妈（继母）的生活，她体谅他们组建家庭的不易，并且特别愿意勤工俭学解决自己的学费和生活费，不愿意为家庭增添负担。珊交了一个男朋友，他们相处得很好，互相照顾。

每次寒暑假，珊总会招呼三五个小学同学来看我这个小学班主任。我会带他们到学校的角角落落回忆童年的美好时光，我愿意在学校里守望孩子们的幸福。

我想说，什么叫幸福？教师的幸福是用自己细致的工作引领孩子健康快乐地成长，用细腻的心在孩子心中播下一粒爱的种子，让真善美在孩子的生命里生根发芽，学生的幸福人生就是教师最大的幸福！

看到珊的生活，我想到因为自己的大意而忽略的浩，心中一阵阵的内疚。

浩，是现在我所带班级的一个三年级男孩。三年前接手这个班时，我就注意到他：不爱说话但调皮好动，才思敏捷，在学校住宿，偶有尿床，但问题不大，成绩较好。但进入三年级后居然夜里尿床频繁，上课听讲不太认真，总爱玩手，眼睛也不时地眨动。在我看来，他似乎是多动症，我便告知他家长，家长带他到医院就诊，医生也说有点多动。于是压耳穴、吃中药、点眼药等各种治疗，依然不太见效。

浩自己要求不住校了，妈妈便接他回家。在家里情况较好，可是家里离学校五十多里路，妈妈实在没那么多时间天天接送，就又送到学校住宿了。一到学校情况又反复了，这让我不太明白：我对他格外上心，常常摸摸他的头，刻意对他多一些表扬，从家中带小零食分给他，上课时对他的指导格外多一些，按时为他点眼药，可为什么会这样？问他什么原因，他不说，只会更局促不安，我很无奈。

直到有一天，和他同住一个宿舍的阳告诉我：浩自从一年前奶奶去世后，每天都要到厕所里哭好几次，他的眼睛就是因为天天哭才红肿、痒痒的。我大吃一惊，孩子的心事这么重，做父母的、做老师的居然没有及时发现。

我找到浩的妈妈了解情况：浩的妈妈做点小买卖，浩是奶奶一手带大的，与奶奶感情特别好。去年秋天的一个周末，奶奶骑三轮车带着浩和他妹妹去特长班学习，一辆汽车把三轮车撞翻在地，浩和两岁的妹妹跌到一边，只伤到皮肉。奶奶脑部出血，地上流了一大摊血，奶奶拖着受伤的身体爬到浩和妹妹身边抱着两个孩子，生怕过往车辆伤到俩孩子。直到家人和救护车赶到，奶奶才松开手昏了过去，从此再也没有醒过来。浩目睹了这一幕，最亲爱的奶奶就这样带着牵挂离开了他，他幼小的心灵留下了深深的伤痕。由于爸爸妈妈忙于奶奶的后事，没有及时给予孩子心灵的安慰，因此这个不善言语的男孩就每日偷偷地哭泣，从来没让父母、老师看到过，哪怕妈妈带他看医生，他也没说自己眼疾的真正原因。

我为自己工作的疏忽而愧疚，为孩子重感情而感动。整整一年的时间，孩子一个人默默承受，我好心痛！我和浩的妈妈约定，给孩子多一些关心，用自己细腻的心在孩子心中播撒阳光。

我把孩子找到办公室，单独和孩子聊生死，聊奶奶的心愿，聊老师和同学的交往，聊爸爸妈妈的工作……总之，让浩了解周围的人都是关心他的，他需要敞开心扉和周围人交流。有一次，我说着奶奶的心愿禁不住哭了，浩也呜呜大哭，我把他搂在怀中让他哭个够。整整半个多小时，我们没有说一句话，浩内心积压的委屈似乎全哭出来了。

我小心翼翼地问："你是不是特别想奶奶？"

"嗯！"浩重重地点点头。

"可是，奶奶离开我们了，她去另一个世界过另一种生活了，我们该怎么办呢？"我试探着问。

浩长舒一口气："奶奶最盼着我取得好成绩，我要好好学习。"

"对，等你成绩好了，奶奶也就放心了，她就不再那么牵挂你了，她在另一个世界才能幸福快乐，这是你希望的对不对？"

"对！老师，以后我可以单独把我的作业交给你吗？"

"当然可以！"

经过那次谈话，孩子很信任我，总喜欢在我身边蹭来蹭去。我一到教室，他就跑到我身边然后再跑到自己的座位上，虽不说话，但我感受得到孩子对我的那份亲近。孩子的听讲认真了，再也不用点眼药水，尿床的事居然也好了，这可是去了好几家医院没医好的呀。

期末考试，浩取得了非常好的成绩。浩的妈妈带着自己种的银瓜来感谢我，感谢我对孩子的耐心与细心，感谢我让浩打开心扉。

我想说，啥叫幸福？幸福是你本来犯了错误，甚至不可饶恕，但是，人家却把这错误当作恩来报！这是令你无地自容的幸福！

我想说，啥叫教师的幸福？教师的幸福是家长原谅了你的错误，还诚心跟你沟通，不把你当外人，不把你往坏处想！

我还想说，你无论做什么事情，你可能会犯错误，但是作为教师，无论对待学生还是家长，都必须真诚，真心，投入自己尽可能多的精力，你的错误才可能得到家长的理解、谅解，这就是教师的幸福。

用细腻的心播下一粒粒爱的种子，我们就能收获教师的职业幸福。

一起播下爱的种子

孩子们带给我暖暖的情谊，满满的感动，家长也诉说着孩子稚嫩的童心带给她的感受，我们就这样传递着美好。这是智慧的母亲张文欣的妈妈写下的温暖的瞬间：

"妈妈，我买了两盆花！"我们几个家长正在谈论今天孩子们卖葡萄的收获，忽听到身后传来女儿弱弱的声音，我立刻回头望去，只见文欣正一只手托着一盆白色茉莉花向我走来，我们四目相对的时候，我隐约可以看出她眼中有一丝不安。

虽然已是下午六点多，太阳还是挂得很高，天气也很炎热。女儿刚刚做了两个小时的葡萄推销员，汗水顺着她瘦瘦的脸颊不断地流下来。我赶紧拿出纸巾一边给她擦汗，一边看着女儿手中托着的两盆含苞待放的茉莉花。

钱在手里还没放热乎，转眼就花了，女儿自己也觉得不合适，不等我问，她就沉不住气了："我把刚才郭老师奖励给我的卖葡萄的十块钱买了这两盆花，正好五块一盆。妈妈，那边也有其他品种，你过来看看。"我跟着女儿三两步就走到了菜市场西头的路边。

一个老式的脚蹬三轮车歪斜地停在路旁，一个衣着破旧的老爷爷弓着腰蹲坐在旁边。我注意到卖花的老人几乎不能控制自己的表情和动作，话也说不出来，地上扔着个粉笔头。车子里外挂满了泥土，看上去很久没有刷洗过，车上零星地放着几盆花，也是茉莉，地上摆着有七八盆盆栽，有文竹和绿萝，都是些便宜的绿植，用最普通的薄花盆盛着，土培得很不平，像这样的简陋盆栽，品种又常见，看上去并不好卖。我让文欣再买一盆文竹，老人看了看孩子，指着一盆品相最好的，颤抖的手用力拿着粉笔在地上写了两个字：文竹。看到女儿拿过文竹，脸上有满足、有快乐，我的心里也暖暖的。回家的路上。我告诉她："那个老爷爷年龄大了，身体也不好，大家都买他的花，他就可以早卖完回家。尽自己的能力帮助弱者，做一个善良有爱心的孩子，妈妈支持你！"

记得女儿很小的时候，我带她到人来人往的大街上，每逢走到一些流浪的残疾人、老人身边，有时即使是骑着电动车，我也会停下车，给女儿一点零钱让她送过去，起初孩子会用稚嫩的语气问我为什么会有这么可怜的人。在孩子们的世界里，他们丰衣足食，身边有很多人疼爱着、陪伴着，认为一切都应该是幸福的，他们哪里会知道成人世界的不易。

女儿长大一些，看待事情有了自己的见解和看法，偶尔见到这些需要帮助的人，她便会主动把自己的零用钱送到他们手里，一次、两次……有一次女儿带着疑惑的表情问我："妈妈，我这样做就会成为对国家、对社会有用的人吗？"我反过来问她："当需要帮助的人得到你的帮助并感谢你的时候，你是不是很快乐，心里有种莫名的满足感？"我得到的回答是肯定的。

我们身为父母，肩负着教育孩子的大任，我们的思想不断影响着他们的成长，我们希望孩子长大后都能成为一个成功的人，然而我们更希望他们能得到快乐。一个人只要有爱心，要有一颗善良的心，快乐就会始终围绕着他。在别人需要帮助的时候你总是能够伸出援助之手，岂不知这已经推动自己向成功迈进了一步，自己内心获得的是一种价值感和幸福感，当你需要帮助的时候，同样也会得到别人的帮助，这样爱心也会永远传递下去！

我和女儿彼此在心里做了一个约定：要坚持做一个善良有爱心的人。帮助别人，快乐自己！

秋风中的温暖

2019年10月25日，阳光正好，秋风不燥，云门书院的师生一行2000多人，到云门山植物园远足。远足里程二十余里，对于小学生来说，是个不小的考验。学校做了周密的安排和热情的战前动员，意气风发的孩子们精神百倍地向远方出发。

一同出发的除了全体教职工，还有每个班的家委会成员和家委会的编外成员——三年级（2）班李渔戈的爷爷和奶奶。每次参加活动，渔戈的爷爷奶奶总是我们学校的特约摄影师，他们会用自己特定的视角为孩子们记录成长。这次活动，奶奶身体不好，爷爷就借了一个三轮车，载着奶奶行走在云门山植物园里，为孩子们记录成长的足迹。

走到松涛路上，忽然发现渔戈奶奶的怀中偎依着一个孩子，旁边站着随队提供服务的曾老师和一个家长，大家拿着自己随身携带的热水杯让孩子喝水。原来三年级（3）班的小徐同学半路上体力不支，发烧，浑身颤抖，手脚冰凉，全身软塌塌的。

曾老师准备骑着电动车载他回校，可这个学生浑身软塌塌的，无法坐到电动车上。爷爷奶奶让孩子坐在他们的三轮车上，奶奶拥她入怀，曾老师赶忙把自己的羽绒服给她盖上。我打通了学校刘师傅的电话，让他开车在松涛路西头等我们。爷爷奶奶骑着三轮车载着孩子走了，曾老师用电动车载我向松涛路西头出发，三年级（3）班家委会主任阚子杰的爸爸一路小跑，跟在爷爷奶奶的三轮车旁。我们到达了学校服务车旁边，一路紧张地到中心医院为孩子做检查。

车子停在中心医院门口，子杰爸爸背起孩子去急诊。急诊科医生建议去儿科，子杰爸爸又背起孩子跑向儿科。孩子趴在子杰爸爸背上，那么安稳，那么自然。我跟在后面抓拍了一张照片。

送到儿科之后，医生仔细地诊断、问询。我把知道的情况详细告诉了医生。医生开了诊断单子——抽血化验、做心电图。当我要去缴费时，子杰爸爸递上已经办理好的卡片，笑笑说："我刚刚去交好了。"子杰爸爸身材瘦弱，背小徐同学上楼已经气喘吁吁，在医生问诊时又跑着去办手续了。

由于孩子发烧，浑身颤抖，子杰爸爸把自己的外套脱下来，给小徐同学盖上。我们把水杯中装满热水，让小徐同学暖和暖和。子杰爸爸又一次背起孩子去抽血化验。那并不宽厚的肩膀，那瘦弱的身躯，在医院的走廊里显得那么高大，那么伟岸。

各项检查之后，医生说孩子只是体质较差，休息一下即可。我们联系了孩子的家长，很快徐爸爸来到医院，看到孩子身上的衣服（三件不同颜色的衣服盖着小小的身体），笑了——瞧瞧这是怎样的打扮？相信他的心里一定有一种温暖，孩子心里也有一种温暖——孩子趴在家长的背上，哪像素不相识的家长和别人家的孩子，分明就是对待自己的孩子那样焦急。

远足之前，学校有各种顾虑——孩子能坚持得了吗？家长舍得让孩子受苦吗？那天天气有点冷，但只有一名没有坚持下来的孩子。有这样跑前跑后的家长，有这样理解活动初衷的家长，我们的顾虑早就打消了。子杰爸爸的身材不是最魁梧的，但其助人的形象却是最高大的；子杰爸爸口语表达不是最擅长的，但行动表达却是最有力的。除了子杰爸爸、渔戈爷爷奶奶，还有很多家长也参与到远足活动的保障中，他们成为秋风中最温暖的风景。

有了家长的支持，相信我们的活动会越办越好，书院会越来越好。相信就是一种力量，相信老师，相信学校，我们都是为了孩子的成长而在不断努力。有这样的家长，哪个老师能不努力，哪所学校能不尽心呢？来自家长的这份支持与信任，就是给予老师最大的褒奖。

14

第十四辑

一路欣赏一路歌

回忆昨天，成长的脚印有深有浅；看看今天，幸福就在身边；畅想明天，需要你我共同用心构建。作为教师，最大的幸福就在于感受与学生相处的点点滴滴。

——题记

守望是一种幸福

又到寒假，一群孩子叽叽喳喳地拥进客厅，一个个拥抱问候后，他们便各自聊着每个人的精彩，兴奋地拉拉这个，望望那个，激动地争抢着发言，俨然已经忘却了他们是要来看望我这个老师的初衷。我也乐得这样：由着他们各自谈笑，我只管为他们准备好可口的午饭就好。

在厨房里，客厅中的谈话我听得清楚：你们学校怎么上课，作业多不多，考试题目难不难，最近看什么书，考试成绩怎样，学霸的经验是什么……每年两次长假，上初中的、读大学的、参加工作的，不同年龄的学生常常来家里聚会。尽管来的只是部分学生，但是他们常常带来几乎所有同学的消息，从他们的嘴里我知道了原先教过的学生的近况，我把这样的聚会当成是守望，守望孩子们的成长，守望他们便是我的幸福。

"陈老师，过来当评委！"客厅中的喊声打断了我的思绪——初二的一群孩子每次来都要背诵全班同学的学号，吃饭时惩罚背不过的同学站着吃，两年过去了，至今还没有一个人被罚。"1号石瑶！""2号苏启龙！""3号孙金龙！"……瞧，这次他们想出新办法，开火车背诵，每人一个号，避免滥竽充数。随着他们的背诵，我这个评委的眼前出现的是每个学生的音容笑貌，带他们的日子仿佛就在昨天，而今天他们已长成了挺拔的少年。

"老师，过了年能不能带我们到学校看看？"机灵的张铭钰提议，"好好好！"赵雨晴连忙附和。怎么不行呢，这是孩子们对学校怀有的美好的情感才愿意走进学校。"好啊，到时候我给你们找个金牌导游。"是啊，为什么不把他们介绍给现在的学生呢？我决定试一试。

正月十三，我们相约走进校园。学生们深情地抚摸着黑板，找到当年自己的位子坐下，请我给他们讲课，我也仿佛回到以前，自己顿觉年轻了不少。

时间已到中午，我催促他们去吃饭，他们一个个不愿意离开，多愁善感的女孩居然眼里噙着泪水，还是活泼的刘宜玮打破沉寂："这就是我们的家，每次放假我们都可以来，都干吗呢，走吧！"孩子们终于有说有笑地离开了。

天下没有不散的筵席。中午用过餐我与他们一一拥抱后，他们离开了，准备进入新的学期，接受新的挑战，我也即将开始新学期的教学，用饱满的热情迎接稚嫩的孩童。我期待下一次聚会，期待他们带给我他们成长的消息。

做教师很苦很累，但没有哪一种职业会有这种绵长的幸福。年年岁岁，岁岁年年，守望他们的成长便是我的幸福。

家长带来的感动

六年级学生毕业前夕，家长们为了表达对我的感激，纷纷给我发来邮件，盘点孩子们六年来的成长。李璟欣的家长用散文一样的语言带给我深深地感动。

今年夏天很奇妙，一入夏，两只麻雀总在窗外茂盛的玉兰树上叽叽喳喳叫：它们在我家空调室外机背面做了一个窝，就在走廊窗户下。天气渐渐热起来，六月中旬了，不管刮风还是下雨，总看到老麻雀飞来飞去忙碌的身影，频繁听到小麻雀们嗷嗷待哺的叫声。我催着李璟欣去看，她早看过了：那个空间很狭小，小鸟们不像画上那样住在一个完全向上开放的巢里，而是藏在一个水平的细草秆等筑成的洞里，只能偶尔看到一只嫩黄的嘴巴或没有长全羽毛的小翅膀，完全不知道一共有几只。每次去看，只是惹来老鸟们焦躁的叫声；晚上还好，老鸟也总站在洞外不动或迅速藏到洞里，也看不到什么。后来我们就不去理它们了。

一天早上上班，走到鸟窝旁的窗户边，猛然听到一声小鸟恐惧的尖叫，失足坠落了？下楼，楼下没有痕迹，只听到老鸟在树上喳喳喳不停地叫。中午回来，猛然发现树上多了好几只小鸟，飞得还不稳，这才恍然大悟——"引飞儿"了！那只尖叫的小家伙可能是老小儿，飞行能力差点，有惊无险而已。

此后的几天，总看到它们一家绕着树开心地飞，似乎阳光也跟着明媚了许多。

这种呵护和引领啊，像极了老师的工作。一个月都这么辛劳，更何况六年呢？回想孩子六年的成长，千头万绪。只是看着他们成长，我已满心喜悦。除了感谢老师们，我隐隐生出些美慕。

朱永新教授曾经说过："每一个孩子都是一个独特的世界，每天的孩子都不一样，对孩子充满好奇就是对世界充满好奇，教师就能感觉到自己生活在一个非常神奇的世界，生活充满着未知，把每个孩子作为挑战自己的尝试，工作就有了源源不竭的动力。"我们无须更多地努力，只要从容淡定，学会等待，春天到了，花朵自然就会开放。原来，教育的幸福就这样简单：善待每一个孩子，用心呵护每一个孩子，他们的成长成就了教师的幸福人生。

在书院绽放生命之花

我收到书院2007年第一届毕业生的邮件，字里行间饱含对母校的怀念，不禁感慨万千。十年前的夏天，我站在实验小学的曲柳下，久久地凝望，多么想留在实小，教完那一届毕业生……那泪眼中既有对学生的不舍，还有对学校的不舍。转眼已经十年多了，我在书院与孩子们一起春游踏青，一起登上读书节的舞台，一起打扫我们共同的家，一起读书，一起歌唱……多少韶华时光在这里绽放。今天收到北京大学、中国人民大学、中国科技大学、复旦大学等多所院校莘莘学子的消息，孩子们已经长大，自己也从一名普通教师成长为学校的骨干教师。感谢书院——我们生命之花绽放的地方。

希望之托，重于泰山。十年来，我把每个孩子当作我自己的孩子来看待，用自己勤奋努力地工作赢得家长的信任、社会满意。我关心每一个孩子的生活，关注他们的心理需求；带领孩子们读好书，写好字；带领孩子们到家乡最美的地方欣赏，到最需要帮助的地方奉献；我与家长诚心交流，互相支持，为孩子们的成长尽心竭力。

作为一名书院人，我深深知道，自己是集体的一员，集体的兴衰荣辱与我息息相关。当我走在大街上，听到别人议论书院的学生多么优秀时，心中会升腾起一种兴奋与自豪；当听到别人议论兄弟学校的优秀而只字不提书院的时候，心中那种莫名的酸涩持续良久……感谢十年来的书院生活，使我从一名普通教师成长为有责任感、使命感的教师，我的生命已经真正与书院融为一体，我与书院同呼吸，共命运。

我用最美好的时光见证了书院的发展。十年来，动人的一幕幕时时上演：难忘一人出差，级部里的老师轮流代课毫无怨言；难忘六一活动前，各处室全体成员晚上工作到十点钟，早上六点又精神百倍地全部到齐；难忘开会时人人踊跃献言献策；难忘家委会成员义务带领学生参加各种活动；难忘一个个热心家长为孩子们买来一摞摞书籍，定制一件件漂亮的班服……书院人的互相关心、互相帮助、良好沟通、互相支持已经成为一种文化，这是一支敢打硬仗、能打硬仗的队伍，这种书院精神将在新的征程中发挥更大的效用。

今天，书院人用自己的方式纪念书院十年的发展历程。我们要变思想为行动，为书院的明天添砖加瓦，践行书院精神，需要时时处处用"心"。

心中有梦。梦，即我们的目标。每位教师对自己的教育教学有目标，对自己的专业成长有目标，每日工作的点点滴滴都围绕这个目标，我们的日常工作、课题科研、专业发展就会踏踏实实。心中有梦想的日子是幸福的。

心中有爱。爱学生，爱教学，爱同事，爱学校，一个心中充满爱的人，脸上、手中、脚上到处洋溢着快乐。只要保持住自己生命的热情、激情，就会努力挖掘自己所从事的工作的内在价值与趣味性，使自己对工作、事业有一种日日新、月月新、年年新的感觉，使自己始终保持一种良好的状态，心中有爱的人是幸福的。

心中有人。这里的人，包括学生、家长、同事、朋友、亲人。我们每个人都有一个小家庭，有责任感的人都会照顾好自己的至亲家人。同时书院是我们的大家庭，同事就是我们的兄弟姐妹，学生就是我们的孩子，家长是我们的朋友。在这个大家庭里，我们把别人装在心里，互相关心、互相照顾，不计较、不猜疑。让我们时刻记住一句话："静坐常思己过，闲谈莫论人非。"和谐的人际关系更有利于我们创造书院"求真、求善、求美"的境界。

心中有事。这里的"事"指的是探讨课堂中引领学生探求知识的方法，关心操场上孩子们的安全，宿舍里、餐厅中孩子们的健康，关注大自然中万物的变化……在工作中善于观察事物，善于发现问题并及时跟进。随时发现学生与家长欲言又止的问题，提前看到学生与家长的下一步要求、打算，把问题解决在学生与家长提出要求之前。书院的教师都能够从别人想不到的地方想到问题，能够从别人看不到事情的地方发现事情。

心中有书。我们的职业倦怠大多因为日复一日的重复性工作。其实我们的工作对象是活生生的孩子，每天都面临新问题，我们的教育方法也要适应社会的发展、孩子们的需要。我们需要学习，需要听到窗外的声音。有书的日子会让我们的生活宁静，让我们的工作有活力，让我们的思考有深度，让我们的教育充满智慧。

只要我们用"心"生活，书院的每位成员都可以在书院发挥自己的才干，找到自己的位置，都可以做到"工作再忙心不忙，生活再苦心不累"。

感谢书院，是她使我懂得奉献；感谢书院，是她使我思考专业发展；感谢书院，是她使我找到教师的幸福……书院已然成为我生命中最重要的地方，我常常为她凝思，为她欢笑，为她自豪……我会为她倾尽我的所有，在这里绽放我的生命之花。

当我年迈的时候，回忆起这一段路，我会为自己是一名书院人而自豪。

冬天里的一抹阳光

今年的冬至名副其实。一场大雪覆盖了万物，也给人们带来阵阵寒意。但这一天的感动却像冬天里的一缕阳光，给云门书院人带来一抹阳光，照亮我们的心房。

周五早上我值班，六点五十分左右，天朦朦胧胧的，进入学校，一年级（2）班的灯打开着，推门一看，黄玉红正在低头拖地，我的推门吓了她一大跳："你怎么这么早？吓死我了。"其实是她怎么这么早才对。我去办公室放东西，回来后黄老师去了水房，我也去冲拖把。看到她用手在拧拖把上的水，边拧边说："这拖把太湿会弄得楼道里很滑，孩子来了会摔倒。我都是这样拧一拧。"听了她的话，我觉得有道理，也试图去拧一拧，但水凉得钻骨头缝，可她却每天都这样做，我看着黄老师的背影，顿时觉得她那么高大。

下午我去学校办公室，看到纪校长办公室门口有个小男孩，纪校长从办公室出来后拍拍男孩的肩膀说："林青来了，进来吧。"那亲切的话语仿佛一位父亲。林青？这不是五年级（3）班那位全校出名的孩子吗？总是打打闹闹，今天伤到这个同学，明天与那个同学产生矛盾，怎么到了这里？我心生疑惑，跟着走了进去。"林青，你的信我看了。写得很好，但是你看到自己的优点太少了，缺点太多了。我问过你的老师、同学，你有很多优点，缺点只有一个，就是爱动。我给你写了一封回信，你回去和爸爸妈妈坐下来，读读这封信，我希望你每天进步一点点，好不好？"刚才拘谨的林青长舒一口气，"好！谢谢老师！"步履轻松地离开了。

纪校长掏出他复印下来的林青的信以及他给孩子的回信，我细细品味：

从孩子的信中可以看出这个孩子调皮捣蛋，因为一开始他列举了自己的若干缺点，出现在我眼前的简直就是一个最难管理的学生，但他在结尾写道："传说能进入金字塔的动物只有两种，一种是蜗牛，一种是老鹰。因为蜗牛有坚韧不拔的毅力，老鹰有翱翔天空的翅膀。我愿做一只老鹰，树立远大的理想，也会做一只蜗牛，认认真真做好每一件小事请，请校长和老师监督我。"纪校长语重心长地说："从这里既可以看出这个孩子意识到自己的错误，有心想改，而且这是一个很有思想的孩子，很有深度的孩子，但家长有了第三个孩子以后，精力不在他身上，所以孩子用自己出格的行为来吸引老师、家长对他的关注。帮他度过这段时期，孩子会慢慢成长起来。"纪校长的分析很有道理。

说话期间，纪校长不住地揉自己的肩膀。"怎么了？"我问。"今天打扫雪的时候，用力过猛，摔了个跟头，正好摔到肩膀，现在还疼。"

纪校长四十六七岁了，扫雪时比谁干劲都大，从天蒙蒙亮干到把校园每一条通往教室、宿舍、餐厅，甚至通往厕所的路都打扫得干干净净他才回办公室，当时根本没看到他因摔倒而停止扫雪啊。

雪后的阳光格外耀眼，直入人的心间。直入心间的还有老师爱学生，校长做示范，学生努力向上的力量。

春天里，我们相遇

2012年春天

我迎接了一张张稚嫩的笑脸

难忘忻彤拉着我的手喊妈妈

难忘欣怡送上的平安果和羞涩的笑脸

难忘家长满含信任的目光

更难忘那份一步三回头的不舍

做个好老师

我不在乎爬满皱纹的脸颊

2013年春天

一年级第二次家长会上

书籍成为我们情感的纽带

文杉妈妈送来《一年级鲜事多》

亦晗爸爸买来《了不起的狐狸爸爸》

不胜枚举

太多太多

你们的支持

成为书香乐苑最有力的保障

建设书香班级

我不在乎每天晚上趴电脑前搜寻

先行者的足迹

2014年春天

蝴蝶·碗豆花

盛开在书香乐苑

打开诗的翅膀

孩子们的思绪自由飞翔

最美的诗歌

播撒在最美的年龄

家长、老师、孩子

在诗海里徜徉

做阅读的点灯人

我愿意从稚嫩的诗行开始

2016年春天

文欣发起倡议

小婷、治宇、英睿、婧怡

积极响应

让所有孩子的文章变成铅字

整整一个暑期

夜以继日地校对修改

美好从笔尖流淌

梦想在这里飞扬

好多家长伸出援手

为孩子的成长助力

春天里

我们相遇

是同学

就互相帮助

构建一个团结友爱大集体

是母子

就珍惜孩子年幼的时光

为孩子羽翼的丰满增添力量

是师生

就珍惜这场相遇的缘分

为学生健康发展尽心竭力

是朋友

就珍惜我们之间的友谊

彼此信任支持

我愿做一朵云，推动另一朵云在天空飘逸

我愿做一只鸟，用我的吟诵唤醒你的歌唱

春天里

我们相遇